Walter und Ilsedore Hery

Die Urwald Familie

Unser Leben bei den Kaingang in Brasilien

Francke

Über die Autoren:
Walter und Ilsedore Hery waren über 50 Jahre als Missionare unter dem indigenen Volk der Kaingang in Brasilien tätig. Sie haben vier erwachsene Kinder und leben heute im tätigen Ruhestand in Haßloch.

MIX
Papier aus verantwortungsvollen Quellen
FSC® C014138
FSC www.fsc.org

Bibliografische Information der Deutschen Nationalbibliothek
Die Deutsche Nationalbibliothek verzeichnet diese Publikation in der Deutschen Nationalbibliografie; detaillierte bibliografische Daten sind im Internet über http://dnb.dnb.de abrufbar.

ISBN 978-3-96362-255-7

35037 Marburg an der Lahn
Umschlagbild: privat
© iStockphoto.com / FG Trade
Umschlaggestaltung: Francke-Buch GmbH
Satz: Francke-Buch GmbH
Printed in Czech Republic

www.francke-buch.de

INHALT

Widmung

Zuerst möchten wir dieses Buch unseren vier Kindern widmen: Martin Ka'egso, Ester Vénsóg, Lidia und Andrea.
Sie waren in unserem Missionsdienst eine bedeutende Unterstützung.

Ebenso widmen wir dieses Buch den ersten fünf Gemeindeleitern und deren Ehefrauen, unseren Kaingang-Kollegen:
Candoca (in memoriam);
Tobias (in memoriam) und seiner Frau Vãté;
Pri (in memoriam) und seiner Frau Marica;
Pedro Barão und seiner Frau Maria da Luz (in memoriam) und
Kufig und seiner Frau Angélica (in memoriam).

Die dritte Gruppe, denen wir dieses Buch widmen, sind unsere vielen treuen Freunde, durch deren wertvolle Unterstützung unser Dienst und die notwendigen Projekte ermöglicht wurden.

Einleitung

Es ist ungewöhnlich und ein ganz besonderes Vorrecht, wenn *Fóg* (Nicht-Indigene) von dem Volk der Kaingang als ihre Verwandten bezeichnet werden. Das taten mehrere Kaingang, noch bevor sie unsere Geschwister in Christus wurden. Ich möchte dies als »verwandt durch Adoption« bezeichnen.

Im zweiten Teil des Buches schreiben wir von einer ganz anderen Art der Verwandtschaft, nämlich der als Glaubensgeschwister. Diese Verwandtschaft erlebten wir sogar in mehreren indigenen Völkern. Von diesen wunderbaren Erfahrungen wollen wir berichten und die Leser zum Staunen und Danken ermutigen. Mit diesen Berichten möchten wir Sie an Orte führen, an denen Gott Wunder getan hat. Wir werden erzählen, wie Gott zu Indigenen gesprochen und sie verändert hat. Es war aufregend, dabei sein zu dürfen und mitzuerleben, wie Jesus seine Gemeinde unter einem indigenen Volk baut.

Da dieses Buch von uns beiden geschrieben wurde, haben wir vor die betreffenden Berichte unsere Namen gesetzt, damit die Leser sofort wissen, von wem der jeweilige Bericht geschrieben ist.

Teil I

Verwandt durch »Adoption«

WOZU IST DER FÁR HIERHERGEKOMMEN?

Walter. Eine Gruppe alter Männer vom Volk der Kaingang sitzt auf niedrigen Holzklötzen um ein kleines Feuer vor der Hütte von Fernandes. Die *Cuja* (Kalebasse zum Mate-Tee trinken) wird von Fernandes, dem Gastgeber, mit heißem Wasser wieder aufgefüllt und in der Runde weitergereicht. Der *Chimarrão*, wie der grüne Mate-Tee genannt wird, hat eine betäubende Wirkung auf die Magenwände und vermindert das Hungergefühl. Das ist willkommen bei Indios, die keine bestimmten Uhrzeiten für Mahlzeiten kennen. Sie essen, wenn sie etwas haben, und sie können auch hungern, ohne zu klagen. Heute ist ihr Gesprächsthema der Fár. Das ist mein Kaingangname. Meine Frau Ilsedore ist nur unter dem Namen Kitóg bekannt. Den Namen haben sie ihr gegeben. Wir wohnen schon seit einigen Monaten in dem kleinen Bretterhaus, das Ursula Wiesemann, die deutsche Sprachforscherin und Wycliff-Bibelübersetzerin, im Reservat Rio das Cobras (Schlangenfluss) bauen durfte. Sie bekam den Namen Gojtéj (sprich: Gojotäjä), was langes oder großes Wasser bedeutet, von ihrem Sprachhelfer Pedrinho. Sicher ist dieser Name von dem unendlich großen Wasser (Atlantik) abgeleitet, das die meisten Kaingang nur vom Hörensagen kennen. Gojtéj hatte uns eingeladen, sie bei ihren vielseitigen Aufgaben zu unterstützen. Ihre Arbeit war allen Kaingang bekannt, denn sie lebte und arbeitete bereits seit fast zehn Jahren am Rio das Cobras.

Fernandes, unser freundlicher alter Nachbar, ging bei uns ein und aus. Seine Hütte war keine zehn Schritte von unserem Haus entfernt. Er besuchte uns fast täglich und beobachtete genau jeden Handgriff. Oft kam er schon morgens, wenn der Kaffeegeruch zu seiner Hütte drang. Er setzte sich aber nicht mit uns an den Esstisch. Das war ihm zu unbequem. So ein Möbelstück hatte er in seiner Hütte nicht. Er bevorzugte es, seine Tasse Kaffee und die Schnitte mit Marmelade auf der Bank sitzend zu genießen. Fernandes kannte uns wahrscheinlich besser als unsere Sprachlehrer, mit denen wir täglich Kaingang lernten. Von ihm wollten die Männer heute wissen, wozu ich zu ihnen gekommen war. An Vermutungen fehlte es nicht. Einer der Männer meinte: »Vielleicht will der Fár im Reservat eine große Brandrodung machen und später Schweine mästen.« Solche Praktiken waren ihnen bekannt. Brasilianische Farmer bezahlten die Kaingang als Tagelöhner, um im Reservat große Flächen Urwald zu roden. Nach einigen Monaten wurden das Gestrüpp und die trockenen Bäume verbrannt und wenig später mit einem langen Stecken Maiskörner gesät. Wenn der Mais die richtige Größe hatte, wurden Schweine gemästet. Ein Zaun war nicht erforderlich, denn die Schweine blieben dort, wo es etwas zu fressen gab. Und der Häuptling bekam ein gemästetes Schwein geschenkt.

Auf diese Vermutung antwortete ein anderer, der im Nachbardorf wohnte und uns ab und zu besucht hatte: »Der Fár hat ja noch nicht einmal einen Gemüsegarten neben seinem Haus, der macht keine Brandrodung.« Ein weiterer in der Runde meinte: »Vielleicht hat der Fár ja jemanden umgebracht und versteckt sich hier bei uns im Reservat vor der Polizei.« Diese Vermutung entkräftete unser Nachbar Fernandes sofort mit dem Argument: »Der Fár hat doch niemanden umgebracht. Der schlägt ja noch nicht einmal seine Frau.«

Nach einer längeren Pause meinte ein Vierter, der sich schon bei anderen Kaingang erkundigt hatte: »Ich denke, die Kitóg und der Fár sind gekommen, um von uns einiges zu lernen. Die sind ja sooo dumm!«

Dieser Aussage stimmten schließlich alle ums Feuer sitzenden Männer zu. Mit ihren Beobachtungen hatten sie zumindest teilweise recht. Doch unsere eigentliche Motivation, weshalb wir zu ihnen gekommen waren und jetzt in ihrem Dorf wohnten, die konnten sie nicht ahnen. Um ihnen das verständlich mitteilen zu können, mussten wir vor allem erst ihre Sprache lernen. Und damit hatten wir gerade erst begonnen.

Der Sprachkurs

Im Mai 1967 gab Gojtéj am Rio das Cobras einen vierwöchigen Einführungskurs zum Erlernen der Kaingangsprache. Das Volk der Kaingang ist zahlenmäßig eines der größten indigenen Völker in Brasilien und lebt weit zerstreut in den vier südlichen Bundesstaaten. Von daher kamen zu diesem Sprachkurs Missionare mit ihren Sprachhelfern oder Informanten, wie sie auch genannt werden, aus verschiedenen Reservaten. Von unseren Informanten bekamen wir Kaingangnamen als Zeichen dafür, dass wir als ihre »Verwandten« angenommen worden waren.

Pedrinho und sein Sohn Constante waren meine treuen Sprachhelfer. Constante gab mir den Kaingangnamen Fár. Das bedeutet Haut oder Rinde. Ilsedore bekam von ihrer Informantin Vãnkórá den Namen Kitóg. Es war der Name ihrer Mutter. Das war eine große Ehre, obwohl sie eine bedeutende Schamanin gewesen war. Der Name selbst hat keine Bedeutung.

Gojtéj erklärte uns die Grammatik und wie man mit einem Informanten arbeitet. Eine Grundregel lautete: »Niemals Fragen zur Grammatik oder Orthografie stellen.« Wir arbeiteten mit Bleistift und Notizblock und sammelten Wörter, indem wir auf die Gegenstände deuteten, deren Namen wir wissen wollten. An den Abenden trugen wir unsere Erfahrungen zusammen. Ein Wörterbuch gab es damals noch nicht. Das mussten wir uns selbst mithilfe der Indios erarbeiten. Die Kaingangsprache ist eine Nasalsprache, d. h. alle Vokale werden auch nasalisiert ausgesprochen. Anhand der Lesefibeln lernten wir lesen. So konnten wir Bibelabschnitte vorlesen, bevor wir die Sprache erlernt hatten. Gojtéj gab uns nützliche Hilfestellungen und ermutigte uns immer wieder zum Weitermachen. Außerdem vermittelte sie uns bewährte Wycliff-Richtlinien. Die Ehemänner müssen sich verpflichten, die Hälfte der Hausarbeiten zu verrichten, damit die Ehefrauen auch die Sprache erlernen können. Eine andere wichtige Regel ist die, dass an einem Abend in der Woche nicht im »Büro« gearbeitet werden darf. D. h. kein Sprachstudium, keine

Briefe schreiben und nicht lesen, sondern puzzeln oder spielen. Dass wir die Sprache der Kaingang erlernt haben, verdanken wir in erster Linie der Ermutigung durch Gojtéj.

Ein besonderes Ereignis während des Sprachkurses war die Taufe von Pedrinho und seiner Familie. Der alte Pedrinho war früher ein geachteter Häuptling gewesen. Dann hatte *Goj fa* (wörtlich: bitteres Wasser, obwohl der hochprozentige Schnaps aus Zuckerrohr gemacht wird) ihn ruiniert. Als Gojtéj zum Rio das Cobras kam und einen Informanten suchte, erklärte er sich dazu bereit. Mit Pedrinhos Hilfe verschriftete Gojtéj die Kaingangsprache und übersetzte das Neue Testament in die Sprache der Kaingang. Im Laufe der Übersetzungsarbeit war Pedrinho »in Jesus hineingegangen«. So nennen die Kaingang das Gläubigwerden an Jesus, ihre Bekehrung. Diesen Begriff haben sie aus dem Neuen Testament entnommen. Dort steht in 2. Korinther 5,17: *Ist jemand in Christus, so ist er eine neue Kreatur.* In ihrer »Bibel«, wie sie das Neue Testament nennen, weil sie noch keine ganze Bibel haben, steht rückübersetzt: »*Christus hat uns neu gemacht. Wir sind in ihn hineingegangen, darum hat er uns neu gemacht. Unser altes Jykre*[1] *ist vorbei. Jesus hat es erneuert. Was wir bisher falsch gemacht haben, ist nicht mehr vorhanden. Jetzt sind wir neue Menschen mit einem neuen Denken und einem neuen Jykre.*« Pedrinho erlebte die Befreiung von seiner Trunksucht und wurde ein zuverlässiger und kompetenter Sprach- und Übersetzungshelfer.

Der blinde Pedro, einer der Informanten aus dem Reservat Nonoai im Bundesstaat Rio Grande do Sul, erzählte Pedrinho, wie er bald nach seiner Bekehrung getauft wurde. Über die Taufe hatte sich Pedrinho bisher keine Gedanken gemacht. Nach mehreren Gesprächen mit dem blinden Pedro äußerte Pedrinho den Wunsch, mit seiner Familie getauft zu werden. Ein brasiliani-

---

1 *Jykre* bedeutet Denkweise, die unser Leben bestimmt; Wertvorstellungen; Lebensstil sowie kulturelles Verhalten, das wir übernommen haben und nach dem wir weitgehend unbewusst denken und handeln. In der Bibel werden die Gebote Gottes als »*Jykre* Gottes« übersetzt.

scher Missionar taufte dann während des Sprachkurses die sieben Personen der Familie von Pedrinho. Das war die erste Taufe von Erwachsenen am Rio das Cobras.

Ilsedore. Meine Sprachlehrerin Vãnkórá war eine besondere Frau. Sie war eine der wenigen Kaingangfrauen, die etwas Portugiesisch sprachen und verstanden. Deshalb hatte Gojtéj sie auch gebeten, mich ihre Sprache zu lehren. Sie war auch die älteste Frau in ihrem Dorf und darum tonangebend. Während des Sprachkurses legte sie jeden Morgen acht Kilometer zu Fuß zurück, um mich zu unterrichten. Am Anfang war sie sehr geduldig mit mir, aber das änderte sich später. Vãnkórá hatte ein sehr gutes Gedächtnis. Sie wusste, welche Wörter sie mir schon gesagt hatte. Wenn ich also ein Wort vergessen hatte und danach fragte, konnte es passieren, dass sie mir sagte: »Das habe ich dir schon gesagt. Ist dein Kopf so klein?« Mit anderen Worten, du musst besser aufpassen. Sie hatte ja recht, schließlich konnte sie ja nicht wissen, dass man mir in der Schule den Stempel »sprachuntauglich« aufgedrückt hatte. Aber jetzt war es unbedingt notwendig, die Sprache der Kaingang zu erlernen, damit wir ihnen Gottes Wort bringen konnten. Einmal war sie total frustriert über mich und meinte: »Du bist schon so groß und kannst immer noch nicht sprechen, das können bei uns schon die kleinen Kinder.«

Aber ihre Mühe war nicht umsonst, ich habe mich mit der Zeit immer besser verständigen können. Wir besuchten Vãnkórá in ihrem Dorf und sie lud uns in ihre Hütte ein. Sie kam auch nach dem Sprachkurs weiterhin zu mir, um mich zu lehren. Als ich versuchte, ihr etwas von Jesus zu sagen, hörte sie zu meiner Freude aufmerksam zu. Es war ein schönes Miteinander.

Doch eines Tages war sie völlig anders. »Sprich nicht mehr von diesem Jesus. Ich will es nicht mehr hören«, sagte sie. Dann erzählte sie mir, dass ihr der gefürchtete Geist mit den großen Ohren auf die Schulter geklopft und ihr gesagt habe: »Wenn du weiterhin der Kitóg zuhörst, die dir von Jesus erzählt, hol ich dich und du stirbst.« Das war für Walter und für mich ein sehr großer Schock. Danach war sie zwar weiterhin meine Lehrerin und uns freundlich gesinnt, aber für Gottes Wort verschlossen.

Unser Freundeskreis

Walter. Für uns waren neben den »sendenden Gemeinden« unsere persönlichen Freunde wertvolle Mitarbeiter, die wir sehr schätzten. Das ist bis heute so geblieben. Ein Freundeskreis entsteht durch persönliche Beziehung und muss dann gepflegt werden. Ein hilfreiches Mittel der Pflege waren unsere persönlichen Rundbriefe und die gegenseitigen Besuche zusätzlich zu den Berichten für das Missionsmagazin. In unserem ersten Rundbrief nach dem Sprachkurs im Jahr 1967 war zu lesen: »Durch diesen Rundbrief ist es möglich, gleichzeitig vielen Geschwistern einen Gruß zukommen zu lassen. Informationen sind notwendig, um zielbewusst mitkämpfen zu können. Das haben wir nötig und spüren es auch, dass treue Geschwister uns helfen durchs Gebet. Herzlichen Dank!«

Im Advent 2020 haben wir unseren 150. Rundbrief geschrieben.

Die erste Rundreise mit Gojtéj

Walter. Nach dem Sprachkurs besuchten wir mit Gojtéj acht Reservate in Paraná, um zu sehen, welches Gott uns als Standort zeigen würde. Am Ende der Reise sagte Gojtéj zu uns: »Hier am Rio das Cobras wohnen eure Lehrer, mit denen ihr die Sprache weiter lernen könnt. Hier lebt eine Familie, die in Jesus hineingegangen ist. Hier könntet ihr auch in meinem Haus wohnen. Das ist doch ein guter Beginn.« Obwohl wir auch Einladungen in andere Reservate bekommen hatten, entschieden wir uns, am Rio das Cobras zu bleiben. Jetzt waren wir nicht mehr nur als Besucher hier, sondern wohnten im Dorf *Sarsé* mitten unter ihnen. Zu diesem Dorf gehörten ein Dutzend Hütten, die im Umkreis von rund 300 m verstreut lagen. In den ersten Monaten war für uns

Europäer fast alles fremd. Besonders die Kaingang waren für uns Fremde. Und wir selbst waren ebenso Fremde für sie.

DAS HAUS VON GOJTÉJ

Das Haus lag ungefähr 500 m abseits der geschotterten Straße, an der täglich ein Bus vorbeikam. Zwischen dieser Straße und unserem Haus gab es einen kleinen Fluss mit einer *Pinguela* (Baumstamm als Fußgängerbrücke über einen Bach). Dadurch war es nur zu Fuß zu erreichen. Da Gojtéj und auch wir in den ersten Monaten kein Auto hatten, war das zunächst kein Problem.

Das einfache, mit Schindeln gedeckte Bretterhaus hatte zwar nur eine Grundfläche von 6 m x 7 m, damit war es aber das größte und beste im ganzen Dorf. Hier wohnten wir zunächst vorübergehend als Ehepaar. Wir suchten ja noch nach einem endgültigen Standort in einem Reservat. Als Anfang 1968 unser Sohn geboren wurde, wohnten wir immer noch mit Gojtej zusammen. Das Haus hatte nämlich unter dem Dach zwei Zimmer mit schrägen Wänden. Dort arbeitete und schlief Gojtéj, wenn sie am Rio das Cobras war. Erst als wir ihr das Haus abkauften und unser zweites Kind sich anmeldete, vergrößerten wir es und bauten ein Zimmer und eine Waschküche an.

Fast die Hälfte des Hauses war unser großes Wohnzimmer, das wir damals »Indianerzimmer« nannten. Hier durften die Kaingang ohne »anzuklopfen«, sprich: ohne zu husten oder sich zu räuspern, sofort eintreten. Dieser 6 m x 3 m große Raum hatte trotz Bretterfußboden eine offene Feuerstelle mit einem Rauchabzug. Er war durch eine halbhohe Tür von den Privaträumen getrennt. Die Kaingang konnten uns also, wenn wir in der Küche beschäftigt waren, sehen und sich mit uns unterhalten. Hinter der schmalen Küche waren zwei Schlafzimmer. Vom Flur aus ging eine steile Treppe in das Dachzimmer. Das war für Gojtéj reserviert, die öfter anderswo tätig war. Es war gut für sie und für uns, dass sie immer mal wieder in ihrem Häuschen wohnen konnte. Ungewohnt für uns war, dass Kaingang schon früh am Morgen kamen, uns beobachteten und alles anfassten. Wir konnten uns zwar noch nicht gut mit ihnen unterhalten, freuten uns aber doch, wenn sie uns besuchten. Uns war bewusst, dass die Ausstrahlung unseres Lebens viel wichtiger war als unsere Worte. Oft fragten wir einen Besucher: »Willst du *nicht* Gottes Wort hören?« Antwortete er mit »Ja«, dann wussten wir, dass er *nicht* hören wollte. Eine Frage musste immer so gestellt werden, dass der Gefragte, wenn er sie verneinen wollte, mit einem »Ja« antworten konnte. Wenn er auf die Frage mit »Nein« antwortete, dann wussten wir, dass er hören wollte. Für diesen Fall spielten wir die Schöpfungsgeschichte mit einem handbetriebenen Schallplattenspieler vor, weil wir in den ersten vier Jahren im Haus keinen Strom hatten.

Die dumme Kitóg

Ilsedore. Die Kaingang beobachteten jeden meiner Handgriffe und kommentierten sie untereinander. Zum Glück verstand ich in der ersten Zeit das meiste nicht. In ihren Augen war alles falsch, was ich anders machte als sie. Das begann schon beim Händewaschen. Ich brauchte eine Waschschüssel, Seife und dann noch ein Tuch zum Abtrocknen. Sie nahmen einen Schluck Wasser aus einem Eimer, der an der Wand hing, spuckten es auf ihre Hände, wuschen sie und trockneten sie im Haar oder am Rock ab. So leicht und unkompliziert war für sie das Händewaschen. Auch das Baby wurde mit mehreren Schluck Wasser gewaschen, das im Mund vorgewärmt wurde. Als die Frauen zum ersten Mal sahen, wie ich unseren sechs Wochen alten Ka'egso baden wollte, schauten sie interessiert zu. Ich holte die kleine Badewanne, füllte sie mit warmem Wasser, zog den Kleinen aus und wollte ihn, wie gewohnt, ins Wasser legen. Da ergriff eine ältere Kaingang meinen Arm und rief: »Willst du den Ka'egso ertränken?« Alle waren empört. Ich versuchte, ihnen zu erklären, dass ich das von meiner Mutter so gelernt hätte. Zu meinem Glück liebte Ka'egso das Baden und gab dies auch durch sein fröhliches Strampeln zu verstehen.

Einmal waren wir bei unserer Nachbarsfamilie zu Besuch. Sie hatten beobachtet, dass ich nicht wie all die anderen Frauen mit einem Bündel Bambusstreifen unter dem Arm unterwegs war. Sie flochten bei jeder Gelegenheit, beim Spaziergang oder in der Hütte an einem Körbchen oder einem Band, aus dem der Mann später einen Hut nähte. Nun wollten sie den Grund dafür herausfinden, warum ich nicht auch flocht. Natalia gab mir ihr angefangenes Körbchen und bat mich, daran weiterzuflechten. Das hatte ich noch nie gemacht. An ihren Blicken konnte ich schon sehen, was sie dachten. Der Kommentar von Natalia war: »Schöne Hände hast du, aber dumm sind sie.« – Doch ich hatte eine gute Entschuldigung parat: »Fár holt mir kein Bambus aus dem Wald.« Ein Körbchen habe ich nie geflochten, aber ein einfaches Hutband konnte ich später doch zustande bringen.

Eines Tages hatte unser Nachbar zum *Puxirão* eingeladen. Das ist eine Art gemeinsamer Großeinsatz, z. B. um eine Brandrodung freizuschlagen, an den sich immer ein großes Essen anschließt. Die Männer arbeiten sozusagen umsonst, bringen aber ihre Familien zum Festessen mit.

Diesmal war auch Walter eingeladen, darum war ich mitgekommen. Während die Männer arbeiteten, bereiteten die Frauen das Essen zu. Diesmal wurde ein Schwein geschlachtet, es sollte ein richtiges Festessen geben. Die Frauen luden mich ein mitzuhelfen. So ging ich mit ihnen an den Bach, in dem ich auch unsere Wäsche wusch. Doch diesmal waren es keine Hosen oder Kleider, sondern die Därme von dem Schwein, die gewaschen werden mussten. Dazu benötigte man zunächst einmal einen geeigneten Ast. Ich brauchte schon längere Zeit, bis ich den richtigen Ast gefunden hatte. Das Umstülpen des Darms über den Ast war noch schwieriger. Wieder ein Beweis für mein fehlendes Können. Wo hätte ich es auch lernen sollen? So gab es viele Gelegenheiten, bei denen sie mir zu verstehen gaben, dass ich noch viel von ihnen lernen musste.

Die Kinder waren für uns große Helfer. Da sie auch von morgens bis abends bei uns waren und sich mit den Bilderbüchern beschäftigten, lernten wir mit ihnen manche Wörter. Das Angenehme bei den Kaingang war, dass sie uns nicht auslachten, wenn wir etwas falsch sagten. Sie drückten durch ihr Lachen ihre Freude darüber aus, wenn wir etwas richtig gesprochen hatten.

Meine Biografie als Stadtkind passte absolut nicht in den Urwald. Walter dagegen war auf dem Land aufgewachsen. Ein befreundetes Ehepaar – sie waren Donaudeutsche –, das »nur« 150 Kilometer von uns entfernt wohnte und uns öfter besuchte, schenkte uns fünf wunderschöne große braune Hühner. Die Kaingang kannten solche Hühner nicht. Ihre Hühner waren weiß und hatten meistens keine Federn am Hals. Nachdem Walter einen Hühnerstall gebaut hatte, damit die Hühner nicht irgendwo im Wald ihre Eier legten, hatten sie nun ein Nest, in das sie ihre Eier legten. Eine Henne brütete auf zwölf Eiern. Niemand konnte mir sagen, wie lange es dauern würde, bis die Küken ausschlüpften. Heute weiß ich, es sind 21 Tage. Und dann geschah das Wunder, zwölf niedliche Küken lagen im Nest. Große Freude. Aber am nächsten Tag waren alle tot.

Ich ging zu meiner Nachbarin und erzählte ihr meinen Kummer. »Du weißt aber auch gar nichts«, war ihre Antwort. »Du musst sie gleich auf den Boden setzen.« Das nahm ich mir zu Herzen und wollte es beim nächsten Mal besser machen. Als es so weit war und die 21 Tage des Wartens um waren, erinnerte ich mich an den Rat der Nachbarin. Kaum waren die Küken geschlüpft, setzte ich sie auf den Boden. Sie liefen auch gleich los. Meine Freude war groß, nur leider sehr kurz. Auch sie starben alle. Was hatte ich nur dieses Mal falsch gemacht?

Meine Nachbarin sagte: »Jeder, der Hühner hat, weiß, dass man die Küken gleich mit Flohpulver behandeln muss. Uns behandelst du zwar, aber an deine Küken denkst du nicht.«

Auf diese Art und Weise lernte ich immer mehr dazu. Wie gut, dass sie Geduld mit mir hatten und mir etwas beibrachten. Im Stillen hoffte ich darauf, bald so viel von ihnen gelernt zu haben, dass auch sie bereit waren, von mir etwas zu lernen.

MIT KAINGANG BOHNEN PFLANZEN

Walter. Einige Monate nach jenem *Puxirão* wurde ich von meinem Nachbarn wieder eingeladen. Diesmal wurden schwarze Bohnen in die Brandrodung gepflanzt. Neben Mais und Kürbis gehörten schwarze Bohnen zur Hauptnahrung der Kaingang. Auf dem »Feld« lagen noch verkohlte Baumstämme und Äste durcheinander, dazwischen war noch viel Asche. Die Kaingang wussten, dass es bald regnen würde, darum musste vorher das Saatgut in die Erde gelegt werden. Jeder der Männer hatte einen Sack mit einigen Litern Bohnen um den Bauch gebunden. Ich ebenso. Mit einem etwa 2 m langen Stecken begann die Arbeit des Säens. Mit einer Hand wurde der angespitzte Stecken schräg in die Erde gesteckt. Man machte einen Schritt nach vorne und warf dabei zwei bis vier Bohnen in den Spalt, zog den Stock heraus und trat beim Weitergehen auf die Erde, in der man die Bohnen versenkt hatte. Beim Weitergehen steckten die Männer ihren Stecken wieder vor sich schräg in die Erde und wiederholten denselben Vorgang. Oft waren auch Jungs dabei, die von den Älteren gelernt hatten. So einfach war das Säen von Bohnen oder Mais – für die geübten Kaingang. Nur mir gelang es nicht, immer alle Bohnen in die eine Erdspalte zu werfen. Oft prallten die Bohnen gegen den Stecken und flogen auseinander. Ich musste mich bücken, sie einzeln in den Spalt legen und beim Weitergehen darauftreten. Das kostete natürlich viel Zeit. Während die Indios mit langsamen Schritten, ohne anzuhalten, weitergingen, blieb ich weit zurück. Das war ein weiterer Beweis dafür, wie ungeschickt ich war.

Dass ich bei meinem Großvater gelernt hatte, mit der Sense Gras und Korn zu mähen oder mit einem Ochsengespann zu pflügen, das interessierte hier niemanden. Diese Arbeit war hier nicht gefragt.

Der Junge und die Klapperschlange

Die Kinder der Kaingang waren unkomplizierte Lehrer, von denen wir auch viel lernten. Sie waren ebenso neugierig wie die Erwachsenen und begleiteten uns gerne auf Schritt und Tritt. Als ich mit meiner Axt in den nahe gelegenen Wald ging, um ein Bündel Brennholz zu holen, begleitete mich unser etwa acht Jahre alter Nachbarjunge Vẽsó. Während ich mich im Wald bückte, um einen Ast aufzuheben, zog mich der Junge plötzlich am Arm und schrie: »Siehst du die *Sãsã* nicht?« Ich hatte die armdicke Klapperschlange weder gesehen noch gehört. Erst jetzt, als der Junge mit seiner Hand hindeutete, erkannte ich im Moos das hochgiftige Reptil und hörte auch ihr Rasseln mit dem Schwanz. Wie gut, dass Vẽsó mich begleitet hatte! So wie in Deutschland die Schulkinder lernen, im Straßenverkehr auf Gefahren zu achten, so lernen die Kinder der Kaingang, auf Geräusche zu achten und zu schauen, wohin sie treten. Wir hatten noch viel zu lernen, sogar von den Kindern. Vor allem eine demütige Haltung gegenüber den Kaingang.

Als im Oktober 2021 bei der Graduierungsfeier der Absolventinnen und Absolventen der Evangelischen Hochschule Tabor Dr. Claudia Währisch-Oblau von der Vereinten Evangelischen Mission aus Wuppertal sprach, wurde ich wieder an dieses Erlebnis erinnert. Sie engagiert sich seit Jahrzehnten für das Thema Evangelisation und Mission im interkulturellen Kontext und sprach in Marburg über eine demütigere Haltung in der Mission, deren Vorbild sie in Jesus findet. Bevor wir den Menschen etwas bringen, sollten wir laut Lukas 10 selbst zu Empfangenden werden. Bei der Aussendung der Siebzig sagte Jesus zu ihnen: »Traget keinen Beutel noch Tasche noch Schuhe …« (Lk. 10,4)

> »Wir gehen hinaus, um einzuladen. Jesus nimmt aber seinen Jüngern alles weg. Ohne Geld, ohne Proviant und ohne Sandalen sind sie angewiesen darauf, dass andere ihnen helfen. Angewiesen sein: Das ist so demütigend. Bloß nicht auf

andere angewiesen sein! Bloß keine Hilfe brauchen! Anderen helfen – ja, sehr gern! Aber sich selbst helfen lassen – möglichst nicht. Darum ist dieser evangelistische Auftrag, den Jesus seinen Leuten hier gibt, unfassbar radikal. Bevor wir predigen, bevor wir etwas geben, sollen wir erst einmal annehmen. Nicht nur zum Schein, nicht nur aus Höflichkeit. Nicht großzügig herablassend, sondern weil wir darauf angewiesen sind. Weil wir Hunger haben. Weil wir frieren. Weil uns die Füße wehtun. Weil wir ein Dach über dem Kopf brauchen und ein Bett für die Nacht.«

Mit dieser Aussage traf Dr. Claudia Währisch-Oblau den Nagel auf den Kopf, was unsere Erfahrungen betrifft, von denen wir in diesem Buch erzählen. Bevor wir die Kaingang lehren konnten, mussten wir zuerst sehr viel von ihnen lernen.

Siehst du die Aasgeier dort oben?

Normalerweise holten wir wie unsere Nachbarn, die nur zehn Schritte von unserm Haus entfernt wohnen, unser Trinkwasser vom Sarsé, einem kleinen Bach, nach dem das Dorf benannt ist. Eines Tages bemerkten wir, dass Fernandes, unser Nachbar, mit seinem Eimer zu einem weiter entfernten Bach, dem Pereira, ging, um dort Wasser zu holen. Zunächst dachten wir nicht weiter darüber nach, warum er das tat. Ich holte weiterhin unser Trinkwasser am Sarsé. Der Fußweg zum Bach führte an der Hütte unseres Nachbarn vorbei. Fernandes saß vor seiner Hütte und flocht einen Korb aus Bambusstreifen. Im Vorbeigehen grüßte ich ihn wie gewohnt und er grüßte zurück. Dann schoss mir eine Frage durch den Kopf. Ich ging zu ihm zurück und sagte im Stehen, meine beiden Eimer in den Händen: »Seit einigen Tagen beobachte ich dich, wie du am Pereira Wasser holst, obwohl der Weg dorthin doch viel weiter ist.«

Fernandes erklärte mir: »Wenn das Wasser hier am Sarsé wieder gut ist, hole ich hier auch wieder unser Wasser.«

Jetzt wurde ich neugierig. Ich stellte meine Eimer ab, setzte mich neben ihn auf einen niedrigen Holzklotz und fragte. »Seit wann ist denn das Wasser vom Sarsé nicht mehr gut?«

Ganz ruhig zeigte er mit der Hand zum Himmel und sagte: »Siehst du die Aasgeier dort oben?« Und dann erklärte er mir, dass einige Hundert Meter oberhalb der Stelle, wo wir unser Trinkwasser holten, ein totes Pferd im Bach lag, an dem die Aasgeier noch fraßen. »Wenn die nicht mehr hier oben kreisen, weil für sie nichts mehr zu holen ist, und es geregnet hat, dann ist das Wasser wieder gut und genießbar«, belehrte mich der alte Indio.

Der schockierende Kommentar meines Nachbarn ließ mir das Blut in den Adern gefrieren und ich fragte ihn vorwurfsvoll: »Willst du mich und meine Familie umbringen? Warum sagst du uns das nicht, damit auch wir unser Trinkwasser am Pereira holen, bis es am Sarsé wieder gut ist?«

Die ruhige Antwort, die der alte Kaingang mir dann gab, war eine wichtige Lektion und sehr aufschlussreich für meinen weiteren Dienst unter diesem Volk. Er sagte: »Mehrmals habe ich dich in den letzten Tagen besucht und wollte es dir sagen, aber du hast einfach weitergearbeitet und hattest keine Zeit.«

Jetzt erst verstand ich sein merkwürdiges Verhalten bei seinen letzten Besuchen. Fernandes war fast täglich in unser Haus gekommen, ohne ersichtlichen Grund. Ich hatte gedacht, er wollte uns einfach zuschauen bei den vielen, ihm ungewohnten Handgriffen und Tätigkeiten wie Lesen, Schreiben, Blei- oder Buntstifte anspitzen und Kranke behandeln. Im Laufe der Zeit lernte ich: Wenn man eine wichtige Nachricht weiterzugeben hat, fällt man nicht einfach mit der Tür ins Haus, sondern wartet erst einmal ab, bis man die ungeteilte Aufmerksamkeit des anderen hat. Das hatte ich damals noch nicht gewusst, und so hatte ich meinem Nachbarn mit meinem Vorwurf unrecht getan. Wir holten dann unser Wasser so lange am Pereira, bis Fernandes wieder zum Sarsé ging.

DAS IST MEIN BRENNHOLZ

Die Kaingang können praktisch nicht ohne Feuer leben. Wir hingegen machten nur Feuer zum Kochen oder um uns daran zu wärmen, wenn es kalt wurde. In den Monaten Mai bis August kann es im Süden Brasiliens sehr kalt werden. Da ist Winter und es kann sogar Frost geben. Die Kaingang holen sich dann jeden Nachmittag ihr Feuerholz für die Nacht und den nächsten Tag. Anders als wir Europäer, die es gewohnt sind, Vorräte anzulegen, sammeln sie das Holz nicht für mehrere Tage.

Vor unserem Haus am Sarsé stand ein Baum, der uns störte. Er nahm uns nicht nur die Sicht, sondern er war auch eine Gefahr für unser Haus.

Ilsedore. In Deutschland hatte ich nie so starke Gewitter erlebt wie in Brasilien. Wenn ich an jenes Gewitter am Sarsé denke, überkommt mich noch heute die Angst von damals. Unser Sohn Ka'egso lag in seinem Laufställchen, das Walter gebaut hatte. Ich spielte mit mehreren Kaingangkindern Memory und Walter war unterwegs. Plötzlich zog aus heiterem Himmel ein Gewitter auf. Ich zählte immer die Sekunden zwischen Blitz und Donner, um die Entfernung abzuschätzen und zu wissen, ob es näher kam. Noch war es weit entfernt. Ich nahm Ka'egso aus dem Ställchen und brachte ihn ins Schlafzimmer, um seine Windeln zu wechseln. Plötzlich gab es einen gewaltigen Donnerschlag, der unser Häuschen erzittern ließ. *Dieser Blitz muss ganz in unserer Nähe eingeschlagen haben*, war mein erster Gedanke. Aber wo? Zum Glück sind die Blitze in Brasilien kalt und es bricht kein Feuer aus. Ich lief zu den Kindern, die sich alle sehr erschrocken hatten. Wir schauten nach draußen und sahen, dass der Blitz nur wenige Schritte von unserem Haus entfernt in einen Baum eingeschlagen war. Dann musste er unterirdisch weitergelaufen sein, aber nicht auf unser Haus zu, sondern in die entgegengesetzte Richtung. Etwa 200 Meter weiter zerstörte der Blitz eine Hütte und die ältere Kaingangfrau, die dort wohnte, fiel wie tot auf den Boden. Sie konnte, dem Herrn sei Dank, nach kurzer Zeit wieder aufstehen und war unverletzt. Nur der Schreck steckte ihr noch in den Knochen, aber uns auch. Ich schickte ein Dankgebet zu meinem himmlischen Vater, der uns alle so wunderbar bewahrt hatte.

Walter. Daraufhin war entschieden, der Baum sollte bald gefällt und in Brennholz verwandelt werden. Ich bezahlte unseren Nachbarn, der diesen Baum mit seiner Axt fällte. Ich selbst wollte ihn später klein hacken und das Brennholz unter unserem Haus im Trockenen stapeln. Es hätte mehrere Wochen lang für unser offenes Feuer im Haus gereicht.

Wenige Tage später war ich überrascht, dass unser Nachbar Arival, der Vater von Vẽsó, nachmittags von den dünnen, bereits trockenen Ästen für sich Feuerholz abhackte. Zuerst sagte ich nichts. Als sich dieses Ritual aber an mehreren Nachmittagen nacheinander wiederholte, sagte ich zu ihm, zunächst freundlich, später etwas deutlicher, dass dies *mein Baum* sei und er doch anderswo sein Brennholz holen möge. Aber meine Worte waren umsonst. Er reagierte, als wäre er taub, obwohl ich es ihm in seiner Sprache sagte. Das ärgerte mich und zunächst wünschte ich, nie etwas zu ihm gesagt zu haben.

Dann aber dachte ich: *Ich habe »A« gesagt, jetzt muss ich auch »B« sagen.* Die Gelegenheit dafür ließ nicht lange auf sich warten. Am nächsten Tag beobachtete ich spätnachmittags durch die Fensterluke nicht nur meinen Nachbarn Arival dabei, wie er von *meinem Baum* Brennholz abhackte, sondern ich sah auch Angelino, den Polizeichef[2] auf seinem Pferd kommen. Angelino wohnte ganz in unserer Nähe und war auf dem Weg nach Hause. Schnell ging ich aus dem Haus ihm entgegen und bat ihn darum, mir in einer bestimmten Angelegenheit zu raten. Daraufhin erklärte ich ihm den Sachverhalt mit dem Brennholz und dem Nachbarn, der mein Eigentum nicht respektiere. Angelino stieg vom Pferd,

---

[2] Der Polizeichef der Kaingang und die Polizisten sind Kaingang. Sie werden vom Häuptling ernannt und sind für die Ordnung im Reservat verantwortlich.

schaute mich besorgt an und bat mich, ihm die ganze Geschichte noch einmal zu schildern.

Währenddessen machte sich Arival mit seiner Axt ungeniert an meinem Baum zu schaffen und hackte ein weiteres Bündel Brennholz für die Nacht. Und das in unmittelbarer Nähe des Polizeichefs! *Das passt ja gut,* dachte ich. *Wir ertappen den Dieb auf frischer Tat.* Warum ist er auch so dumm, er sieht doch, dass ich mit dem Polizeichef im Gespräch bin.

Nachdem ich Angelino in der Kaingangsprache den ganzen Vorfall noch einmal genauestens geschildert hatte, erhielt ich nach längerem Nachdenken die Antwort des alten Angelino, die ich nie vergessen habe. Es war eine Lektion, die für unseren weiteren Dienst bei den Kaingang von großer Bedeutung war: »Fár, wenn du mir die Angelegenheit in Portugiesisch, in der Sprache der *Fóg* gesagt hättest, müsste ich Arival verbieten, Brennholz von diesem Baum zu nehmen. Denn die *Fóg* sagen von allen Dingen, dass sie dem oder jenem gehören und dass der eine oder der andere dies und jenes gestohlen hat. Aber du hast mir die ganze Sache in meiner Sprache gesagt. Ich habe jedes Wort verstanden. Doch in meinem Kopf bin ich durcheinander. Für uns gehören Bäume und Brennholz nicht diesem oder jenem, sondern jedem, der es benötigt. Kein Kaingang sagt von einem Baum, dass er ihm gehört. Brennholz kann man nicht stehlen. Und darum kann Arival auch nicht bestraft werden.«

Anschließend stellte er mich vor eine ernste Wahl, die für unsere Zukunft richtungweisend werden sollte: »Nun musst du selbst entscheiden. Wenn du deine Klage in der Sprache der *Fóg* vorbringst, werde ich Arival einsperren, weil er von deinem Brennholz gestohlen hat. Und wir werden dich fortan auch wie einen *Fóg* behandeln, auch wenn du in unserem Dorf wohnst und Fár heißt.«

Ich schämte mich, dass ich bis dahin so wenig von ihrer Art zu denken begriffen hatte, obwohl sie uns als ihre Verwandten angenommen, ja sozusagen adoptiert hatten und uns nicht mehr als *Fóg* behandelten.

Vom eigenen Hinterrad überholt

Auf einer mehrtägigen Reise in verschiedene Kaingang-Reservate im Süden Brasiliens erlebten wir eines Tages eine große Überraschung. Mit unserem robusten Toyota-Jeep mit Allradantrieb fuhren wir auf einer Schotterstraße entsprechend langsam. Plötzlich überholte uns das rechte Hinterrad. Wir hatten einen Achsenbruch. Es war schon spät am Nachmittag und wir waren müde. Weit und breit war keine Stadt, kein Haus und auch kein Mensch in Sicht. Ob auf dieser kaum befahrenen Straße am Abend noch ein Auto vorbeikommen würde? Als ich den Schaden genauer untersuchte und überlegte, was wir tun könnten, stand völlig unerwartet ein Kaingang neben mir, so als wäre er vom Himmel gefallen. Ich begrüßte ihn in Kaingang, aber er antwortete mir in Portugiesisch. Als ich weiter in Kaingang mit ihm sprach, wechselte er auf einmal in seine Sprache. Er war es nicht gewöhnt und hatte noch keinen *Fóg* kennengelernt, der Kaingang sprach. Wir erzählten ihm, wer wir waren und dass wir im Reservat Rio das Cobras wohnten.

Es dauerte nicht lange, bis sich ein Auto näherte. Der Fahrer hielt an und erkundigte sich, ob er uns helfen könne. Unser Problem mussten wir ihm gar nicht erst erklären. Er sah den Schaden sofort und kannte eine Toyota-Werkstatt in seiner Stadt. Der freundliche Fahrer bot uns eine Mitfahrgelegenheit an. Doch den vollbeladenen Wagen konnten wir nicht ohne Wächter hier stehen lassen. Sollte Ilsedore allein im Toyota sitzen bleiben – vielleicht sogar die ganze Nacht? Das war nicht möglich.

Noch während wir mit dem Fahrer über dieses Problem sprachen, mischte sich der Kaingang in unser Gespräch ein und meinte, er würde auf das Auto aufpassen. Auf diesen Vorschlag reagierte der Brasilianer etwas misstrauisch, worauf der Kaingang mit Überzeugung sagte: »Ich werde auf das Auto und alles, was drin ist, sehr gut aufpassen. Der *Fár* und die *Kitóg* sind nämlich meine Verwandten. Sie sprechen meine Sprache.«

Wir waren gerührt von diesem Zeugnis eines Kaingang, dem

wir zum ersten Mal begegnet waren und der sich so mit uns identifizierte, dass er uns als seine Verwandten bezeichnete. Wir vertrauten ihm – und Jesus – in dieser Wildnis unser Auto an und nahmen dankbar die Mitfahrgelegenheit an. In der nächsten Stadt konnten wir bei einer Missionarsfamilie übernachten. Erst am nächsten Tag wurde unser Auto abgeholt und in der Werkstadt repariert. Der treue Kaingang hatte die ganze Nacht neben unserem Auto gesessen und aufgepasst!

Mein 43. Geburtstag

Ilsedore, Gojtéj, Tobias, Ka'egso und ich waren unterwegs auf Missionsreise und wollten mehrere Reservate besuchen. Die Nacht verbrachten wir in einem kleinen primitiven Hotel, das diesen Namen eigentlich nicht verdiente. Und an Schlaf war angesichts der unerträglichen Hitze, der lästigen Mücken und des sonstigen Ungeziefers nicht zu denken. Am Morgen wollte Ilsedore mir ein Ständchen bringen, so wie sie das jedes Jahr an meinem Geburtstag tut. Aber sie hatte keine Stimme. Darüber war sie so traurig, dass sogar die Tränen flossen. Die zählten an diesem Morgen auch. Denn für mich gab es an diesem Tag Wichtigeres und Aufregenderes als Geburtstagsstimmung. Wir waren auf dem Weg zu einem Besuch bei den Kaingang im Reservat Barão de Antonina. Nach etwa einer Stunde Autofahrt verließen wir die Asphaltstraße und fuhren auf einer schmalen Erdstraße in Richtung Reservat. Die Straße war zwar gefahrlos zu befahren, trotzdem hatten wir keine Muße für Gespräche. Wir beteten, jeder für sich.

In einem anderen Reservat, in dem wir am Vortag Kaingang besuchen wollten, hatte der *Chefe* (Verwalter und höchste Autorität in einem Reservat) uns zunächst freundlich begrüßt. Doch dann bekam er eine Anweisung von seinem Vorgesetzten, uns den Aufenthalt dort umgehend zu verbieten. Schweren Herzens musste er uns bitten, das Reservat sofort zu verlassen. An den Zufahrten in die Reservate sind überall große Schilder aufgestellt.

Darauf steht, dass Jagen und Fischen verboten ist und dass das Reservat nur mit Erlaubnis der *FUNAI*[3] betreten werden darf.

Als wir uns jetzt der Grenze zum Reservat Barão de Antonina näherten, sahen wir in der Ferne einige Indios. Zuerst freuten wir uns. Gojtéj glaubte sogar, wir würden erwartet und man würde uns empfangen. Aber da hatte sie sich wohl getäuscht. Als eine größere Gruppe von Indios mit Buschäxten und großen Buschmessern bewaffnet aus dem Wald hervorkam und die Straße blockierte, bekamen wir es mit der Angst zu tun. Damit hatten wir nicht gerechnet. Gojtéj war schockiert und sprachlos. Ich erklärte den Männern, die mich kannten, dass Gojtéj nach sechs Jahren von Afrika, dem Land der schwarzen *Fóg,* über das große Wasser gekommen sei, um ihre ehemaligen Schüler zu besuchen. Doch die Männer erklärten uns unmissverständlich, dass sie vom *Chefe* geschickt seien und wir keine Erlaubnis hätten, weiterzufahren. Das Dorf dürften wir auf gar keinen Fall besuchen. Am meisten war Gojtéj über die bedingungslose Unterwürfigkeit der Kaingang entsetzt, die sich gegen ihre eigenen Überzeugungen zu diesem Verhalten zwingen ließen. Das machte sie im wahrsten Sinn des Wortes krank. Der Schock schlug ihr dermaßen auf den Magen, dass ich sie ins nächste Krankenhaus bringen musste. Unterwegs ließ ich Ilsedore, Tobias und Ka'egso in einem kleinen Park im Stadtzentrum von São Jerônimo da Serra aussteigen. Sie sollten sich ein wenig entspannen. Im Hospital legte der Arzt Gojtéj eine Infusion an und sagte, ich könne sie am Spätnachmittag wieder abholen.

Nachdem ich sie für die nächsten Stunden gut versorgt wusste, fuhr ich zu meinen Leuten in den Stadtpark. Ilsedore erzählte ganz erfreut, dass der Häuptling von dem kleineren Reservat am Stadtpark vorbeigekommen sei und sie sofort erkannt und angesprochen hätte. »Der Häuptling erwartet uns in seinem Haus

[3] *FUNAI* steht für Fundação Nacional do Índio. Sie ist das staatliche Organ für Angelegenheiten der indigenen Völker in Brasilien und wurde am 5. Dezember 1967 gegründet.

und hat uns sogar zum Mittagessen eingeladen«, sagte Ilsedore und war auf meine Reaktion gespannt. Hunger hatten wir, es war schon weit nach Mittag und Gojtéj musste ja bis zum Abend im Krankenhaus bleiben. So fuhren wir zum Häuptling, nur wenige Kilometer von der Stadt entfernt. Er hatte Ilsedore den Weg genau beschrieben und war schon vorausgefahren, um seine Frau darum zu bitten, für uns ein Mittagessen zuzubereiten. Der Häuptling wohnte auf einer kleinen Anhöhe direkt an der Erdstraße, die gleichzeitig die Grenze zum Reservat war.

Unser Auto mussten wir unten am Straßenrand stehen lassen und zu Fuß den Hügel zum Dorf hinaufsteigen. Dort wurden wir wie alte Freunde empfangen und in das einfache Bretterhaus des Häuptlings eingeladen. Seine Frau hatte bereits Reis zum Kochen aufgesetzt. Schwarze Bohnen waren noch von der letzten Mahlzeit übrig. Die mussten nur aufgewärmt werden. Es gab viel zu erzählen. Erinnerungen wurden ausgetauscht und es fehlte uns nicht an Gesprächsstoff, während das Mittagessen zubereitet wurde.

Wir erzählten, wie wir vor gut 15 Jahren zum ersten Mal hier in diesem Reservat gewesen waren:

> Mit unserem neuen Toyota, der Allradantrieb hatte, starteten Kitóg und ich am 1. November 1967 zur ersten Rundreise. Kitóg war im sechsten Monat schwanger und wir wollten vor der Geburt unsere erste große Rundreise durch den Bundesstaat Paraná machen. Hier in São Jerônimo da Serra wollte der *Chefe* uns sofort wegschicken, weil unsere Erlaubnis abgelaufen sei. Sie sei vor drei Monaten vom vorigen Regionalbeamten erteilt worden. Wir brauchten also ein neues Dokument, ausgestellt vom derzeitigen Direktor des *SPI*[4] in Curitiba. Doch als wir uns schon auf den Weg dorthin machen wollten, sagte er uns, dass wir

[4] *SPI* steht für Serviço de Proteção ao Índio (Dienst zum Schutz der Indios). Das staatliche Organ wurde 1910 gegründet und am 5.12.1967 durch die *FUNAI* ersetzt.

doch bleiben könnten, weil es ja nur für wenige Tage sei. Der Häuptling, Nivaldo, stimmte dem zu und meinte, dass wir ja nur Gutes im Sinn hätten. So wurden wir mehr vom Häuptling als vom *Chefe* gebeten zu bleiben. Am Abend hatten wir die erste Versammlung. Wir spielten den Anwesenden mit unserem handbetriebenen Plattenspieler die Schöpfungsgeschichte vor und sangen Kaingang-Lieder. Einige Frauen ließen uns durch den Häuptling bitten, unseren Aufenthalt zu verlängern. Wir sollten sie in dem Wort Gottes unterrichten. Auch die Lieder, die wir ihnen mit unserem UHER-Tonbandgerät vorspielten, wollten sie gern lernen. Darauf gingen wir gern ein. Der Häuptling war mit uns jeden Tag auf langen schmalen Pfaden bergauf und bergab unterwegs und trug unser UHER-Gerät. Einmal sagte er: »*Für mich gibt es nichts Wichtigeres zu tun, als zu helfen, dass auch die anderen diese Geschichten von Jesus hören.*« Überall freuten sich die Kaingang über unseren Besuch und lauschten neugierig und aufmerksam auf die biblischen Geschichten, die wir ihnen in ihrer Sprache vorlasen.

Am fünften Tag passierte es dann. Unsere Freude verwandelte sich plötzlich in eine ernste Sorge: Während des Fußmarsches zurück zu unserer Hütte bekam Kitóg am späten Nachmittag Blutungen. Wir beschlossen, unverzüglich nach Londrina ins nächstgelegene Krankenhaus zu fahren, 80 Kilometer Schotterstraße. Der Regen hatte auf der Fahrbahn gleichmäßige Rillen hinterlassen, auf denen man wie auf einem Waschbrett fuhr. Die Fahrt war so holprig, dass sie bestens geeignet gewesen wäre, um eine Geburt einzuleiten. Aber genau das sollte ja gerade jetzt nicht passieren. Gegen Mitternacht waren wir schließlich mit Gottes Hilfe und ohne Zwischenfall am Ziel, im Evangelischen Krankenhaus in Londrina. Die Diagnose ergab: Kitóg hatte zu niedrigen Blutdruck, Anämie und Herzschwäche. »Das Baby ist nicht lebensfähig, wenn es jetzt schon geboren wird. Wir wollen die Geburt so lange wie möglich hinauszögern. Es kann zu Komplikationen kommen«, sagte uns der Arzt. Darum durfte Kitóg zunächst nur noch liegen, sie musste sich ausruhen und sollte sich möglichst gut ernähren. Dafür sorgten die Diakonissen der Marburger Brasilienmission vorbildlich! Als Kitóg das Krankenhaus verlassen durfte, konnten wir einige Wochen bei Ehepaar Szczepanski wohnen, die als deutsche Missionare in Rolândia lebten, das nur 30 Kilometer entfernt war. Am 3. Januar 1968 fuhren wir dann mit Sack und Pack wieder zurück nach Curitiba. Dort kam unser Sohn Martin am 31. Januar in unserem Freizeitheim *Rogate* zur Welt. In Curitiba erfuhren wir, dass am 5. Dezember 1967 der *SPI* aufgelöst und durch die *FUNAI* ersetzt worden war. Anfang März fuhren wir nach langer Abwesenheit zurück zum Sarsé, wo unser Sohn seinen richtigen Namen erhielt: Ka'egso. Dieser Name steht auch in seinen offiziellen Dokumenten.

Während wir auf den Reis und die schwarzen Bohnen warteten, erzählte ich meinen aufmerksamen Zuhörern, dass Ka'egso gestern 15 geworden war und nun ausgerechnet in dem Reservat war, wo Gott ihn damals, drei Monate vor seiner Geburt, so wunderbar bewahrt hatte.

Inzwischen war das mit so viel Liebe zubereitete Mittagessen fertig, das wir mit großem Appetit zu uns nahmen. Hunger hatten wir, denn die letzte Mahlzeit lag schon Stunden zurück. Das kam übrigens häufig vor, wenn wir bei den Kaingang waren. Ich hatte von ihnen gelernt, immer dann, wenn es etwas gab, viel zu essen und nicht zu jammern, wenn es nichts gab.

Vom Haus des Häuptlings, das auf einem Hügel stand, konnte man die Landstraße, die von der Stadt herführte, gut überblicken. Plötzlich sah der Häuptling den roten Jeep des *Chefes* kommen. Diese roten Dienstfahrzeuge mit dem indigenen Kopfschmuck auf den Seitentüren kannte ich von anderen Reservaten. Ich ahnte nichts Gutes. Ilsedore hatte dem Häuptling im Stadtpark berichtet, dass wir am Morgen in dem größeren Reservat abgewiesen worden waren. Dort wohnte der *Chefe*, der für beide Reservate zuständig war. Er parkte seinen Wagen hinter unserem Toyota, stieg den Hügel empor und näherte sich der Hütte des Häuptlings. Der sagte zu uns: »Er war schon seit zwei Monaten nicht mehr hier und ich ahne, warum er ausgerechnet heute vorbeikommt. Seid aber unbesorgt und bleibt im Haus.« Dann ging er hinaus zu dem aufgeregten *Chefe*, der inzwischen vor seiner Tür stand, und begrüßte ihn äußerst freundlich. Natürlich war dem *Chefe* bewusst, dass wir im Haus waren und als Ausländer keine offizielle Erlaubnis hatten, das Reservat zu betreten. Er verlangte vom Häuptling, uns unverzüglich fortzuschicken, um unangenehme Folgen zu vermeiden. Der erwiderte dem *Chefe*: »Der Fár und seine Begleiter sind keine *Fóg*. Sie sind unsere Verwandten. Sie sprechen meine Sprache. Ich habe sie zum Mittagessen eingeladen und kann sie jetzt nicht wegschicken.«

Während das Gespräch heftiger und die Stimme des *Chefes* lauter wurde, kamen immer mehr Männer aus den nahe gelegenen Hütten und bildeten einen großen Kreis um den Regierungsbeamten. Als der keinen »Fluchtweg« mehr sah, wurde seine Stimme leiser. Schließlich lenkte er ein und sagte, es sei gut, dass der Häuptling uns zum Essen eingeladen habe. Doch danach müssten wir das Reservat sofort wieder verlassen. Unser Gastgeber erklärte dem *Chefe* daraufhin, dass er der Häuptling in diesem Reservat sei und wisse, was er zu tun habe.

Frustriert und sichtlich verärgert ging der *Chefe* zu seinem Wagen zurück und fuhr zügig davon. Vermutlich berichtete er umgehend über Radio seinem Vorgesetzten, jenem Regionalbeamten, der uns bereits am Vortag aus dem Reservat Ivaí ausgewiesen hatte, dass wir seine Anordnungen missachtet und trotzdem das andere Reservat betreten und Indigene besucht hätten.

Nach dem unliebsamen Zwischenfall dankten wir erst einmal Gott und dem Häuptling für seine Gastfreundschaft und diese »Rettung«. Nach dem leckeren Mittagessen bekamen wir noch einen richtig süßen schwarzen *Cafezinho* (Expresso).

Dass Kaingang uns »Verwandte« nannten, war für uns eine große Ehre und kam öfter vor. Als wir ihre Sprache gelernt hatten, konnten wir unseren »Verwandten« endlich erklären, warum wir zu ihnen gekommen waren.

Als wir wenige Tage später wieder zu Hause am Rio das Cobras waren, stellte sich heraus, dass wir mit unserer Vermutung im Blick auf den *Chefe* richtiggelegen hatten. Doch wir konnten nicht ahnen, welche Folgen dieser Besuch haben sollte.

Unser *Chefe* am Rio das Cobras war uns sehr wohlgesonnen, man kann sogar sagen, dass er unser Freund war. Nach unserer Reise mit Gojtéj hatte ich ihm ausführlich über alles berichtet, auch von dem Regionalbeamten, der uns getäuscht hatte. Wir hatten nämlich extra eine weite Fahrt unternommen, um bei ihm die Erlaubnis vor unserer Reise zu erbitten. Obwohl er uns sehr freundlich, leider aber nur mündlich, die Erlaubnis erteilt hatte, gab er umgehend den *Chefes* Order, dass sie uns nicht in die Reservate lassen dürften. Unser *Chefe* meinte, er habe noch ein »Hühnchen mit diesem Regionalbeamten zu rupfen«.

Wenige Tage danach hielt auf der Missionsstation das Auto unseres *Chefes*. Er kam in Begleitung von zwei Herren und sagte, dass die beiden hochrangigen Militärs (in Zivil) Beamte der *FUNAI* in Brasília seien. Sie seien geschickt worden, weil am Rio das Cobras ein ausländischer Missionar sich den Anordnungen der *FUNAI*-Beamten widersetzt habe. Er sprach dann von einem Missionar, der aus Paraguay gekommen sei und den Guaraní fremde Gepflogenheiten und Rituale beibringen würde. Er wohne zwar außerhalb des Reservats, würde ihm aber keine großen Probleme machen. Dann ergänzte er mit einem Augenzwinkern, dass er den beiden Beamten gesagt habe, ich könne ihnen sicher mehr Auskunft über diesen ausländischen Missionar geben. Darum seien sie jetzt zu mir gekommen.

Daraufhin ging ich, sehr erleichtert, mit den drei Besuchern in unser Wohnzimmer und bot ihnen etwas zu trinken an. Die beiden Beamten saßen mir gegenüber und die untergehende Sonne blendete sie. Ich erhob mich und wollte den Vorhang zuziehen, da griff der eine Beamte nach seinem Aufnahmegerät, das er unbemerkt neben sich gelegt hatte. Er entschuldigte sich und meinte, ich hätte wohl nichts dagegen, wenn er unser Gespräch aufnimmt.

Viel konnte ich über den ausländischen Missionar aus Paraguay (der übrigens auch ein Guaraní war) nicht sagen, doch wir hatten ein sehr gutes und langes Gespräch über unsere vielseitige Missionsarbeit. Nach diesem Besuch sagte mir unser *Chefe*, er habe wohl gewusst, wer den Besuch dieser Beamten zum Rio das Cobras veranlasst habe und dass meine Ausweisung bereits beschlossen gewesen sei.

Für uns war das ein Eingreifen Gottes und wir haben nie mehr etwas davon gehört. Der Regionalbeamte blieb jedoch nicht mehr lange in seinem Amt.

Wie wir zu den Kaingang kamen

Walter. Im Alter von 12 Jahren habe ich Jesus Christus als meinen Heiland und Herrn angenommen und ihm die Führung meines Lebens übergeben. Nachdem ich zu Jesus gebetet hatte, überkam mich eine unaussprechliche Freude. Voller Glück und Freude bin ich an jenem Abend mit meinem Fahrrad freihändig durch unser Dorf nach Hause gefahren. Wenige Monate danach war ich bei einem Missionsfest. Arthur Pretel, ein Missionar im Norden Thailands, wollte dort mit einer neuen Arbeit beginnen. »Ich könnte zehn Missionare mitnehmen und dort einsetzen«, rief er in die Menge der Zuhörer. Ich fühlte mich angesprochen und betete: »Herr Jesus, wenn ich groß bin und du mich senden willst, bin ich bereit zu gehen, egal wohin.«

Im darauffolgenden Jahr wurde ich konfirmiert. Mein Konfirmationsspruch stand in Psalm 86,11 und lautete: *Weise mir, Herr, deinen Weg, dass ich wandle in deiner Wahrheit.* Da ich Jesus ganz bewusst mein Leben anvertraut hatte, habe ich dieses Gebet zu meinem persönlichen Gebet gemacht, bis heute! Beim Lesen von Missionsbüchern wurde mein Wunsch, Missionar zu werden, immer stärker.

Als Jugendlicher wollte ich eigentlich, wie mein Onkel, Architekt oder Ingenieur werden. Meine Eltern konnten zwar keine höhere Schule bezahlen, doch ich durfte einen Beruf erlernen, während meine ältere Schwester gleich nach der Grundschule arbeiten und Geld verdienen musste. Wir waren nämlich dabei, ein kleines Eigenheim zu bauen, da war jede Mark notwendig. In der BASF bekam ich eine der begehrten Lehrstellen. Nach erfolgreichem Abschluss der dreieinhalbjährigen Ausbildung zum Maschinenschlosser konnte man 1958 auf dem zweiten Bildungsweg ohne Abitur auf der technischen Hochschule ein Ingenieurstudium beginnen. Das war eine echte Versuchung, mein Versprechen, in die Mission zu gehen, aufzugeben.

Da ich im März 1958 meine Lehre als Maschinenschlosser und die Berufsschule mit sehr guten Noten abgeschlossen hatte, vermutete mein Chef, dass ich, wie zwei meiner Mitschüler, anschließend studieren würde. Er rief mich in sein Büro und bot mir eine Meisterstelle in der BASF an. Ich sollte nur unterschreiben, dass ich nicht an die Hochschule gehen, sondern in der BASF bleiben würde. Diese Verpflichtung konnte ich nicht unterschreiben. Ich hörte die Stimme des Versuchers, der mir sagte: »Deinen Wunsch erfülle ich dir jetzt, ohne Abitur gemacht zu haben, wenn du dein Versprechen, Missionar zu werden, aufgibst.« Das wollte ich allerdings nicht und sagte meinem Chef, dass ich vorhabe, Missionar zu werden. Diese Antwort überraschte ihn sichtlich und er fragte mich, was mein Vater davon hielt, der ebenfalls bei der BASF arbeitete. Als ich ihm sagte, mein Vater wisse davon nichts, schickte er mich zurück an meinen Arbeitsplatz.

Als ich etwa eine Stunde später wieder ins Büro gerufen wurde, war auch mein Vater anwesend, der mich sehr besorgt ansah, so als hätte ich etwas angestellt. Der Chef ergriff das Wort und sagte zu ihm: »Herr Hery, wir haben ihrem Sohn einen Meisterposten angeboten, wenn er unterschreibt, dass er bei uns bleibt und nicht auf die Ingenieurschule geht. Was meinen Sie, was Ihr Sohn mir geantwortet hat?« Zu mir gewandt sagte er: »Nun, Herr Hery, wiederholen Sie, was Sie mir geantwortet haben.«

Mir blieben die Worte fast im Halse stecken, aber ich wiederholte meine Antwort. Mein Vater war so erstaunt darüber, dass es ihm die Sprache verschlug und er nichts erwidern konnte. Zu Hause sprach er eine ganze Woche lang kein Wort mit mir. Es war für ihn unverständlich, wie ich eine gut bezahlte Meisterstelle in der BASF ausschlagen konnte, um Missionar zu werden. In den Augen meiner Eltern war diese Entscheidung eine große Undankbarkeit, nachdem sie mich einen Beruf hatten erlernen lassen.

Es vergingen Monate, bis ich es wagte, meine Eltern zu bitten, zur Missionsausbildung nach Marburg in das damalige Brüderhaus Tabor, heute Evangelische Hochschule Tabor, gehen zu dürfen. Die Antwort meines Vaters lautete: »Wenn du 21 bist, kannst du machen, was willst. Solange du aber deine Füße unter unseren Tisch steckst, entscheiden wir, was du tust.« Nach diesem deutlichen Nein gab es bei uns damals kein Verhandeln. Im Gebet sagte ich zu Jesus: »Wenn du mich in der Mission haben willst, musst du meinen Vater umstimmen, ich kann es nicht.«

Weitere Wochen vergingen und beim persönlichen Bibellesen wurde ich innerlich gedrängt, meinen Vater erneut zu fragen. An einem Samstagmorgen kam mein Vater sehr früh an mein Bett und sagte: »Ich fahre schon einmal voraus auf den Acker bei der Obermühle. Du kannst noch etwas schlafen und kommst später nach.« Kaum war mein Vater gegangen, sagte eine innere Stimme zu mir: »Heute ist eine gute Gelegenheit, du bist mit deinem Vater allein, frag ihn noch einmal.« So schnell wie an diesem Morgen war ich sonst nicht in meinen Kleidern und fuhr zum Kartoffelacker bei der Obermühle. Vater war verwundert, dass ich so schnell nachgekommen war. Lange Zeit arbeiteten wir schweigend Seite an Seite und hackten das Unkraut aus den Kartoffelreihen. Innerlich gedrängt sagte ich schließlich zu meinem Vater: »Ich bin in den letzten Tagen wiederholt ermahnt worden, dich noch einmal zu bitten, mich nach Marburg zu lassen, um dort meine Ausbildung zum Missionar zu machen.« Nach längerem Schweigen schaute ich zu meinem Vater und sah Tränen in seinen Augen. Er sagte nur: »Wir legen dir nichts mehr in den Weg, du kannst gehen.«

Erst 16 Jahre später, als mein Vater uns das erste Mal in Brasilien besuchte und er mir die folgende Geschichte erzählte, erfuhr ich, was sich hinter seiner kurzen, für mich überraschenden Antwort auf dem Kartoffelacker verbarg:

»Du warst noch kein Jahr alt, als du an doppelseitiger Lungenentzündung fast gestorben wärst. Es war 1940, ich war im Krieg an der Front. Der Hausarzt tat alles, was ihm möglich war, um dich zu retten, aber es wurde immer kritischer. Dann sagte er zu deiner Mutter: ›Da kann nur noch dein Herrgott ein Wunder tun, um den Jungen zu retten.‹ In ihrer Not tat deine Mutter ein Gelübde und weihte dich Gott mit den Worten: ›Herr, mein Mann ist im Krieg, ich weiß nicht, ob er wieder heimkommt. Lass mir doch den Jungen, ich will ihn für dich großziehen.‹ Gott hat die Gebete deiner Mutter erhört, aber sie schien ihr Gelübde vergessen zu haben, denn sie hat mir nichts davon gesagt, als ich nach der Gefangenschaft nach Hause kam. Du warst damals 8 Jahre alt und hast Onkel zu mir gesagt. Dann kam jener Tag, du warst erst 18 Jahre alt, als du uns um unser Einverständnis gebeten hast, nach Marburg zur Missionsausbildung gehen zu dürfen. Uns Eltern war das gar nicht recht und ich sagte ein entschiedenes Nein dazu. Aber dann erinnerte Gott deine Mutter an ihr Gelübde. Abends im Bett hat sie es mir *gebeichtet* und wir wurden uns einig, es bei unserem Nein zu belassen, es sei denn, du würdest uns ein weiteres Mal darum bitten, nach Tabor gehen zu dürfen, was in unserer Familie aber sehr unwahrscheinlich war.«

Meine theologische Ausbildung

Im Brüderhaus Tabor in Marburg begann ich im März 1959 meine theologische Ausbildung, zu der damals auch der praktische Einsatz auf dem Feld, im Haus und in den verschiedenen Werkstätten gehörte. Als gelernter Maschinenschlosser war mein Platz in der Schlosserei. Dort hatte ich ein besonderes Erlebnis.

Für die große weiße Wand im neuen Konferenzsaal sollte ein Bibelvers geschmiedet werden. Zusammen mit Horst Eggers, der von Beruf Kunstschmied war, bearbeiteten wir auf dem Amboss Buchstabe für Buchstabe von Römer 1,5: *Von Jesus Christus haben wir Gnade und Apostelamt empfangen, Gehorsam des Glaubens zu seines Namens Ehre unter allen Völkern zu wirken.*

Während der wochenlangen Schmiedearbeit war ich oft im Gespräch mit Jesus, meinem Herrn. Ich fragte ihn, zu welchem Volk er mich wohl senden würde. Mir wurde klar, egal wohin, unter diesem Volk sollte ich nicht nur Menschen für die Liebe Gottes gewinnen, sondern sie zu Jüngern machen und sie Glaubensgehorsam lehren.

Mein Praktikum

Nach meiner Ausbildung in Marburg kam ich nach Frankfurt am Main zum Praktikum zu Günter Hopp, der dort Prediger in zwei Landeskirchlichen Gemeinschaften war. Damals war es in Tabor so geregelt, dass man sich als Absolvent erst im zweiten Praktikumsjahr verlieben, verloben und anschließend heiraten durfte. Aber bevor ich ein Mädchen fragen wollte, ob sie bereit sei, meine Frau zu werden, wollte ich von Jesus Gewissheit haben, ob er mich in die äußere Mission senden wollte. Mit dieser existenziellen Frage auf dem Herzen fuhr ich am 1. August 1964 zur EC-Tagung nach Freiburg im Breisgau. Am Abend sollte Missionar Pretel sprechen. Doch er kam nicht. Uns wurde mitgeteilt, er sei auf dem Weg zur Versammlung auf dem Zebrastreifen von einem Betrunkenen überfahren worden und liege nun schwer verletzt im Krankenhaus. Als daraufhin die 2.000 Jugendlichen den Aufruf hörten: »Missionar Pretel wird nicht wieder nach Thailand ausreisen können. Wer von euch ist bereit, an seiner Stelle hinauszugehen?«, hatte ich meine Antwort. In diesem Augenblick wusste ich, dass ich von Jesus für den Missionsdienst berufen war und er mich senden will. Mit dieser Gewissheit fuhr ich am nächsten Tag nach Tabor und meldete mich bei Direktor Wehrheim für die Mission. Jetzt konnte ich auch auf die Suche nach der richtigen Frau an meiner Seite gehen und sie fragen, ob sie bereit sei, mit mir in der Mission zu dienen. Ich war jedenfalls gespannt darauf, wann und wie Jesus mir meine Lebensgefährtin zeigen und wer es sein würde.

Ilsedore, das Gottesgeschenk

An Fronleichnam wurde in Frankfurt jährlich ein Jugendtreffen aller evangelischen Jugendgruppen im Huthpark veranstaltet, das sogenannte Huthpark-Treffen. Bei dieser Veranstaltung im Mai 1964 fiel mir ein junges Mädchen besonders auf. Ein mir bis dahin unbekanntes Gefühl überkam mich. Als ich mich nach ihrem Namen erkundigte, hörte ich zum ersten Mal den mir inzwischen so lieb gewordenen Namen Ilsedore. Er ist eine Zusammenfassung von Elisabeth (die Gottesstreiterin) und Dorothea (das Gottesgeschenk).

Bei unserem ersten Treffen mit Fräulein Kissmann gingen wir an der Nidda spazieren. Als ich sie bat, mir etwas aus ihrem Leben zu erzählen, erfuhr ich, dass sie schon als Kind den Wunsch hatte, einmal in die Mission zu gehen. Mein Herz schlug höher. Konnte das wahr sein? Dann aber kam der Schock, als sie fortfuhr: »Bei der vorgeschriebenen medizinischen Untersuchung bekam ich das Ergebnis, dass ich aufgrund eines Herzproblems tropenuntauglich bin. Deshalb arbeite ich hier als Gemeindediakonin.« Meine erste Reaktion auf diese herbe Enttäuschung lautete: »Dann ist unser Gespräch hiermit schon beendet. Ich suche nämlich eine Frau, die bereit ist, mit mir in die Mission zu gehen.« – Wortlos gingen wir eine Zeit lang weiter, bis ich endlich meine Worte wiederfand: »Das ist jetzt nicht das Ende unseres Gesprächs. Gott kann auch Wunder tun.«

Mit diesem gegenseitigen Versprechen, um Gottes Wegweisung zu beten, verabschiedeten wir uns. Am 18. August trafen wir uns im Palmengarten. An diesem Abend wagte ich einen ungewöhnlichen, aber ehrlichen Heiratsantrag und sagte zu ihr: »Wären Sie bereit, meine Frau und Lebensgefährtin in der Mission zu sein, falls Sie doch tropentauglich sind?« Unverzüglich antwortete Ilsedore mit einem klaren: »Ja, ich habe von Jesus eine Antwort bekommen. Beim Bibellesen las ich: Mache dich in deinem Herzen reisefertig.« Wir beteten zusammen und machten unser gegenseitiges »Ja« vom Tropenzeugnis abhängig.

Nachdem ich Ilsedore in Tabor vorgestellt hatte, wurde sie in Tübingen für eine Tropenuntersuchung angemeldet. Der nächstmögliche Termin war aber erst am 4. Oktober. Das war eine sehr lange Zeit der Ungewissheit und der Glaubensprüfung. Der Besuch bei ihren Eltern war ermutigend. Sie waren überzeugt davon, dass Gott Ilsedore zurückgehalten hatte, damit wir zusammen in die Mission gehen. Sie sollten recht behalten, denn der Arzt im Deutschen Institut für ärztliche Mission in Tübingen bescheinigte Ilsedore die Tropentauglichkeit: »Sie sind kerngesund und haben nie etwas am Herzen gehabt.«

Als Motto für unser gemeinsames Leben wählten wir den Bibelvers aus 2. Korinther 5,15: *Jesus ist darum für alle gestorben, damit, die da leben, hinfort nicht sich selbst leben, sondern dem, der für sie gestorben und auferstanden ist.* Dieses Bekenntnis schrieben wir auf unsere Verlobungskarten.

Es gehörte damals zur Ordnung von Tabor, dass die Verlobten vor der Hochzeit für ein ganzes Jahr zum sogenannten »Bräutejahr« nach Tabor kamen. Danach sollte Ilsedore nach Brasilien entsandt werden. Das bedeutete, dass wir erst in Brasilien heiraten konnten. Damals war Brasilien so weit weg, dass niemand aus unserem Familien- oder Verwandtenkreis auch nur mit dem Gedanken spielte, zur Hochzeit nach Brasilien zu fliegen. Aus diesem Grunde planten die Eltern von Ilsedore in Haan ein großes Verlobungsfest. Das wurde am 29. Dezember 1964 wie ein Hochzeitsfest gefeiert.

Direktor Wehrheim wusste, dass ich im Blick auf die Mission an Thailand dachte, da ich durch Missionar Pretel den Ruf verspürt hatte. In einem Gespräch wollte er mir sagen, dass die Marburger Mission bereits zwei Kandidaten für Thailand habe, aber die Marburger-Brasilienmission mich nach Brasilien senden wolle. Für mich war das weder eine Überraschung noch eine Enttäuschung. Darüber war der Direktor sichtlich überrascht. Er fragte mich: »Wer hat dir das gesagt?« Auf seine Frage konnte ich ihm nur antworten, dass der Heilige Geist mich darauf vorbereitet und seit einigen Monaten meine Gedanken nicht mehr nach Thailand (nach Osten), sondern nach Brasilien (nach Westen) gerichtet hatte.

So wurde ich am Ostersonntag 1965 im Rahmen der Osterkonferenz von Pfarrer Haun, dem damaligen Generaldirektor des Deutschen Gemeinschafts-Diakonieverbands (DGD) in Tabor ordiniert und als Botschafter Gottes nach Brasilien ausgesandt. Am Ostermontag wurde ich im damaligen Missionshaus Lachen zusammen mit Schwester Gertrud Brendel nach Brasilien entsandt. Zur Ausreise hatte ich bereits mehrere Ermutigungen bekommen. Doch in den letzten Tagen vor diesem entscheidenden Schritt in die Missionsarbeit auf einem mir fremden Kontinent bat ich Gott noch einmal um ein ganz persönliches wegweisendes Wort. Das erhielt ich mit der Losung des 14. April 1965, in der es hieß: *Geh aus deinem Vaterland und von deiner Verwandtschaft und aus deines Vaters Hause in ein Land, das ich dir zeigen will.*

Den ersten Teil dieses Auftrags, nämlich Abschied zu nehmen von meinem Vaterland und von meiner Verwandtschaft, hatte ich bereits vollzogen. Doch den zweiten Teil der Antwort Gottes – *in ein Land, das ich dir zeigen will* – empfand ich als seltsam. Die Schiffspassage nach Brasilien war doch schon gebucht. Erst in den folgenden Jahren sollte ich die mehrfache Bedeutung dieser Worte schrittweise verstehen. Ebenso wurde mir bewusst, dass Gott mich bereits schon zweimal in *»ein Land«* geführt hatte, bevor ich dieses Wort als Marschbefehl bekommen hatte. Das erste Mal war es meine grundsätzliche Bereitschaft, in die Mission zu gehen. Danach war es die Tatsache, dass Jesus meine Gedanken von Thailand weg in die entgegengesetzte Richtung nach Brasilien gelenkt hatte.

Nach einer unvergesslichen dreiwöchigen Schiffsreise auf dem holländischen Frachter *Aludra* kamen wir in Brasilien an. Außer Schwester Gertrud Brendel vom Mutterhaus Lachen war noch eine zweite Diakonisse, Renate Schulz vom Mutterhaus Velbert, als Missionarin nach Brasilien ausgesandt worden. Missionar Grischy holte uns am Hafen in Santos ab. Während wir auf der 400 Kilometer langen neu asphaltierten Bundesstraße nach Curitiba fuhren, hatte er eine seltsame Begrüßung für mich parat. »In Brasilien werden eigentlich keine Missionare aus Deutschland gebraucht. Wir haben dich auch nicht angefordert«, erwähnte er nebenbei. »Doch ich wollte der Missionsleitung nicht widersprechen, als diese mir deine geplante Aussendung mitteilte. Das hätte ich für Sünde gehalten.«

Dass nicht nur die Missionsleitung in Marburg, sondern Gott selbst mich nach Brasilien gesandt hatte, das erkannte Missionar Grischy später auch und bezeugte es in den folgenden Jahren mehrfach.

»Ein Land, das ich dir zeigen will« – Ein indigenes Volk

Nach meiner Ankunft wohnte ich die ersten neun Monate in Curitiba, im Freizeitheim Rogate, das von deutschen Diakonissen geleitet wurde. Dort hatte ich in den ersten Monaten zusammen mit den beiden Diakonissen und zwei weiteren Missionarinnen der Allianz-Mission Unterricht in Portugiesisch, der Landessprache Brasiliens. An den Wochenenden und in den Weihnachtsferien durfte ich alle unsere Missionsstationen im Landesinneren kennenlernen. Bei diesen Besuchen beschäftigte mich vorwiegend die Frage: Wo werde ich demnächst arbeiten?

Am 17. Januar 1966 wurde ich zum *Instituto Evangélico Missionário Peniel* (evangelisches Missionsinstitut *Peniel*) bei Jacutinga im Bundesstaat Minas Gerais geschickt. *Peniel* war 1953 von amerikanischen Missionaren der *Neue Stämme Mission* gegründet worden. Hier hörte ich, dass es in Brasilien noch etwa 250 indigene Völker gab, von denen die meisten noch nie etwas vom Evangelium gehört hatten. Außerdem wurden noch etwa 40 Ethnien vermutet, die völlig isoliert lebten und keinerlei Kontakt mit Brasilianern hatten.

Zunächst sollte ich nur für ein Trimester nach *Peniel*, um dort die Landessprache noch besser zu lernen. Bei der Verabschiedung sagte der Feldleiter zu mir: »Wir haben keine freie Missionsstation für dich. Lass uns beten, dass Gott uns ein Arbeitsfeld zeigt, wo wir eine neue Missionsarbeit beginnen sollen.« Diese Anweisung nahm ich ernst. Sehr oft betete ich meinen Konfirmationsspruch: *Weise mir, Herr, deinen Weg, dass ich wandle in deiner Wahrheit.*

In die Missionsschule *Peniel* kamen öfter Missionare, die unter indigenen Völkern tätig waren. Sie berichteten von ihrer Pionierarbeit und baten um Fürbitte. Solche Zeugnisse beeinflussten erneut meine Frage nach dem *Land, das* der Herr *mir zeigen will.* Ob dieses *Land* vielleicht eines der indigenen Völker in Brasilien sein wird? Auf diese Frage sollte ich bald eine klare Antwort bekommen. Da ich in Tabor schon eine solide theologische Ausbildung bekommen hatte, wählte ich außer dem täglichen Portugiesisch-Unterricht einige für mich unbekannte Fächer wie: Anthropologie, Gründung neutestamentlicher Gemeinden unter Indigenen, Tropenkrankheiten, Zähneziehen, Geburtshilfe und ein Eheseminar. Aus Spaß schrieb ich mit den anderen Schülern die schriftlichen Prüfungen, obwohl ich ja keine Noten brauchte. Später zeigte sich das als Führung Gottes. Beim persönlichen Bibellesen, beim Beten und beim Hören der Missionsberichte wurde mir schrittweise klar, dass das Wort von dem *Land, das der Herr mir zeigen will,* eine dritte Bedeutung haben könnte. In den folgenden Monaten wurde es mir zur Gewissheit, dass dieses »Land« nicht nur das Land Brasilien war, sondern eines der vielen indigenen Völker Brasiliens. Bis zum Einverständnis der Missionsleitung für diesen Weg war es aber noch ein langer Prozess.

Eigentlich dachte ich, dass die Zeit in *Peniel* für mich mit dem ersten Trimester beendet sei. Ich hatte in diesen drei Monaten gut

Portugiesisch gelernt. Auch eine Antwort vom Herrn auf die Frage nach einem neuen Arbeitsfeld für mich hatte ich bekommen. Nun war es Zeit, meine Verlobte am Hafen von Rio de Janeiro abzuholen. Aber vorher fuhr ich noch nach Curitiba. Dort wollte ich mit unserem Feldleiter sprechen. Besonders gespannt war ich natürlich darauf, welche Antwort Missionar Grischy von Gott auf »unsere Gebete« bekommen hatte.

Doch welch eine Enttäuschung erlebte ich! Er sagte mir, Gott habe uns ja auch einen Verstand zum Nachdenken gegeben und er meine, dass ich ihn im Freizeitheim *Rogate* und in der brasilianischen Rogate-Gemeinde entlasten könne. Nach diesem Gespräch fuhr ich nach Rio de Janeiro, gespannt darauf, wie meine Verlobte reagieren würde.

Neben der Wiedersehensfreude hatte ich ein brennendes Anliegen und eine Frage, die ich Ilsedore per Post nicht mehr hatte mitteilen können. Jetzt war es möglich, persönlich mit ihr zu sprechen. »Gott hat mich dazu berufen, einem indigenen Volk das Evangelium zu verkündigen. Bist du bereit, mit mir in den Urwald zu gehen?« Ihre prompte Antwort überraschte mich: »Ich habe Jesus schon mein Ja-Wort gegeben. Kurz vor meiner Ausreise in Deutschland hatte ich einen merkwürdigen Traum. Ich war in einem Urwald. Und plötzlich stand ein Indio mit Pfeil und Bogen vor mir. Er zielte auf mich und schoss den Pfeil ab. In meiner Angst rief ich: ›Das Blut Jesu deckt mich.‹ Und der Pfeil flog an mir vorbei. Ich hörte die Frage: ›Bist du bereit, dorthin zu gehen?‹ Als ich erwachte, hatte ich starkes Herzklopfen und brauchte eine Zeit, bis ich wieder einschlafen konnte. Als ich dann zum 2. Mal das Gleiche träumte, stand ich auf und ging ins Badezimmer, weil ich hoffte, von diesem Traum abgelenkt zu werden. Als ich jedoch zum dritten Mal haargenau das Gleiche träumte, kamen mir Zweifel. Ich betete: ›Herr Jesus, ich verstehe den Traum nicht. Wenn er aber von dir kommt und du mir diese Frage stellst, bin ich bereit zu gehen, wohin du mich senden willst.‹ Kurz danach schlief ich ein.«

Während Ilsedore mir ihren Traum erzählte, erkannten wir

beide, dass Gott uns unabhängig voneinander denselben Auftrag gegeben hatte, nämlich unter einem indigenen Volk zu arbeiten. Einige aus der Missionsleitung gingen davon aus, dass sie mir diese Berufung gar nicht würden ausreden müssen. Sie dachten: *Lass erst mal seine Braut kommen, die ist aus der Stadt und wird bestimmt nicht mit ihm in den Urwald gehen.* Wie wichtig war es darum für Ilsedore, persönlich diese Gewissheit zu bekommen, dass Gott auch sie bei den Indios haben wollte. Wer von uns beiden nach diesem Gespräch am meisten überrascht war, ist schwer zu sagen.

In Curitiba hatten wir leider nur zwei Tage zusammen, danach musste ich wieder zurück nach *Peniel*. Was meine Berufung betraf, blieb die Missionsleitung aber vorerst bei ihrem »Nein«. Trotzdem wurde mir erlaubt, zum zweiten Trimester nach *Peniel* zu fahren. Zu meiner Überraschung durfte ich im 2. Trimester sogar das Fach Linguistik belegen. In *Peniel* wurde ich oft gefragt, wann wir denn heiraten würden. Meine Antwort war: »Bevor der Hochzeitstermin festgelegt wird, möchte ich wissen, wo wir arbeiten werden.«

In dieser inneren Spannung im Blick auf unseren Arbeitsplatz schrieb ich einen SOS-Brief an etwa zwanzig Personen, die ich als geistliche Persönlichkeiten kennen- und schätzen gelernt hatte. In diesem Rundschreiben bat ich um konkrete Fürbitte. Mehrere Antworten, die ich bekam, deckten sich und waren für mich außerordentlich hilfreich. So schrieb mir mein ehemaliger Mentor Günter Hopp:

> Es brennt mir unter den Nägeln, Dir zu antworten. Darf ich es tun mit einem Wort aus 5. Mose 31,8? *Der Herr aber, der selber vor euch hergeht, der wird mit dir sein und wird die Hand nicht abtun und dich nicht verlassen. Fürchte dich nicht und erschrick nicht!* Für Deine Situation ist dieses Wort geradezu eine Fundgrube. Stell Dir vor, der Herr geht vor Euch her. Das heißt doch, daß er Euch den Weg gangbar macht, und das heißt wiederum, daß Du Dir den Weg

> vom Herrn gangbar machen lassen mußt. Daß Du nicht Dein Ziel mit Gewalt erreichen brauchst. Ich finde, daß hier die rechte Aktivität und die rechte Passivität des Glaubens beschrieben wird. – Mein lieber Walter, das ist nicht etwa eine Bremse. Wie sollte ich Dich bremsen in Deinem Weg, für den ich selbst gebetet habe. Sondern das soll ein mutmachendes Wort sein zu vertrauen dem, der gesagt hat: Überlaß all deine Angelegenheiten mir. Dem, der vor Dir hergeht und Euch den Weg bereitet. – Du mußt also auch warten können. – Du weißt, daß ich Dir mal schrieb, ich würde darum beten, daß Du kein wohltemperierter Missionar wirst, daß ein Feuer in Deinem Herzen entzündet wird. Nun freue ich mich zu entdecken, daß dieses Feuer da ist.«

Im zweiten Trimester hatte ich eine unvergessliche Erfahrung, die für mich zu einem Schlüsselerlebnis wurde. Innerlich beschäftigte mich schon seit mehreren Tagen die Frage, wem ich diene. An einem Morgen zu Beginn des Unterrichts stand eine Schülerin auf und sagte, dass sie vom Geist Gottes beauftragt sei, ein Bibelwort zu lesen. Die ganze Klasse samt dem Lehrer schauten auf die junge Frau, als sie den Vers aus Johannes 15,14 vorlas: *Ihr seid meine Freunde, wenn ihr befolgt, was ich euch sage.* Dann setzte sie sich wieder und der Unterricht begann. So etwas geschah ab und zu und war für meine Mitschüler nichts Ungewöhnliches. Wie das Wort auf sie wirkte, habe ich nie erfahren. Für mich aber waren diese Worte Jesu wie eine Botschaft direkt von Gott in meine Situation hinein! Ich fühlte mich an die Wand gestellt und von Jesus gefragt: »Wessen Freundschaft ist dir wichtiger? Die Freundschaft Tabors – die Zugehörigkeit zur Bruderschaft und dass die Brasilienmission für deinen Unterhalt aufkommt – oder die Freundschaft mit mir? Wenn dir meine Freundschaft wichtiger ist, dann musst du mir auch gehorchen.« Das war für mich wie ein Ultimatum! Ich sagte »Ja« zu Jesus und war bereit, ihm zu gehorchen und unter Umständen alle Sicherheiten zu verlieren.

Wenn wir Jesus um eine Antwort bitten und er uns persönlich antwortet, müssen wir uns entscheiden, ob wir gehorchen. Wir können uns gegen sein Wort entscheiden, aber nicht ohne persönliche Folgen. Das Wort des Herrn, das er an uns richtet, ist nicht ein Wort für die anderen. Es meint den, den Gott anspricht. Gottes Wort stellt uns in eine persönliche Verantwortung. So schrieb ich umgehend einen Brief an Direktor Wehrheim, dass mir die Freundschaft mit Jesus wichtiger sei als die Freundschaft mit Tabor.

Zur großen Abschlussfeier des Missionskurses am Sonntag, dem 13. November 1966 durfte meine Verlobte nach *Peniel* kommen. Auf der Liste der 26 Absolventen, die den einjährigen Missionskurs abgeschlossen hatten, stand auch mein Name. Da ich alle schriftlichen Prüfungen abgegeben hatte, bekam auch ich mein Diplom. In allen sechs Fächern, die unterrichtet worden waren, hatte ich mit »sehr gut« abgeschnitten. Nur für den Unterricht im Zähneziehen gab es statt einer Note für alle Absolventen nur ein »Teilgenommen«.

Der abgebrochene Hochzeitsurlaub

Eine knappe Woche später feierten wir am 19. November in der neuen Rogate-Kirche in Curitiba unsere Hochzeit. Missionar Grischy sprach, unserem Wunsch entsprechend, über das Motto für unser gemeinsames Leben: *Und er ist darum für alle gestorben, damit, die da leben, hinfort nicht sich selbst leben, sondern dem, der für sie gestorben und auferstanden ist.* In unsere Eheringe hatten wir »2. Kor. 5,15« eingravieren lassen. Nach dem Traugottesdienst erzählten wir draußen vor der Kirche auf dem Rasen den Kindern die Schöpfungsgeschichte und die Geschichte eines Missionars: meine Biografie. Anschließend gab es Wiener Würstchen und Brötchen für die etwa 60 Kinder. Danach feierten wir nur im kleinen Kreis mit unseren Diakonissen und den Missionaren und Missionarinnen der Marburger Brasilienmission sowie einigen Gemeindegliedern der Deutschen Gemeinde. Einige

Diakonissen hatten den Raum wunderschön geschmückt und ein sehr ansprechendes Programm zusammengestellt. Nach dem Kaffeetrinken-Abendbrot, wie man es in Brasilien oft zusammen einnimmt, feierten wir zum Abschluss das Abendmahl. Das hatten wir uns als Brautpaar so gewünscht. An unserem Hochzeitstag stand in den Kleinoden von Spurgeon die Verheißung: *Von diesem Tag an will ich Segen geben.* (Haggai 2,19)

Missionar Christian Kahl, unser Trauzeuge, brachte uns mit seinem Jeep zu einem Ferienhaus an einem Stausee. Da es dort keine Einkaufsmöglichkeiten gab, mussten wir unsere Lebensmittel mitnehmen. So machten wir uns nach der Feier am Abend auf die Fahrt in den Hochzeitsurlaub. Es waren nur knapp 70 Kilometer, aber die Erdstraße hatte so viele Löcher, dass wir fast drei Stunden unterwegs waren. Nach zwei Wochen *Honeymoon* bekamen wir überraschenden Besuch. Missionar Grischy brachte uns einen Kuchen vorbei und Grüße von seiner Frau. Beim Kaffeetrinken fragte er uns: »Wollt ihr immer noch zu den Indios?« Als wir beide nickten, sagte er: »Dann brecht euren Urlaub ab und packt nachher gleich eure Sachen zusammen. Morgen früh fahre ich zum Rio das Cobras, da kannst du mitfahren. Deine Frau kann in der Zeit bei unseren Diakonissen in *Rogate* bleiben.«

Am Rio das Cobras wohnte damals auch die Wycliff-Missionarin Ursula Wiesemann. Missionar Grischy wollte sie besuchen, um sich vor Ort ein genaueres Bild über die Bedingungen einer Arbeit im Reservat machen zu können.

Nach unserer Hochzeitsreise erhielten wir von Tabor einen Brief. Darin schrieb Direktor Wehrheim: »Der Herr scheint schon ein Stück von dem zu erfüllen, was Dir gewiß geworden war: Er hat einen Plan und wird uns diesen so deutlich zeigen, daß wir ihn alle erkennen. Denn der Werkvater (Direktor Pfarrer Scholz) und Bruder Grischy gehen jetzt doch mehr auf die Stämme zu.« Dieser Brief war für uns ein wertvolles Hochzeitsgeschenk!

»Ein Land, das ich dir zeigen will« – Die Kaingang

Die Reise zum Rio das Cobras nach unserer abgebrochenen Hochzeitsreise war wohl entscheidend für unsere Missionsleitung, dass wir unter den Kaingang im Staat Paraná arbeiten könnten. Für diesen Einsatz benötigten wir allerdings auch eine Erlaubnis vom *SPI*. Und das war äußerst schwierig. Aber für uns bedeutete das nur eine weitere Hürde, die allein Gott aus dem Weg räumen konnte. Die Tatsache, dass es im Bundesstaat Paraná fast ein Dutzend Kaingang-Reservate gab, war wohl entscheidend für die Zustimmung der Missionsleitung. So wurden die Kaingang zum vierten *Land, das Gott mir zeigen wollte.*

Im April 1967 erhielt ich von Direktor Wehrheim einen weiteren Brief, in dem er schrieb: »Was die Indianer-Mission[5] betrifft, so soll mir genügen, daß Du beruhigt schreibst, der Herr gehe mit und gebe Zeichen. Möchte er weiter Klarheit bei allen Beteiligten wirken. Inzwischen hatten wir mit Bruder Grischy ein erstes Gespräch über die verschiedenen Versuche zum Einsatz bei den Indios.«

Bei dem Besuch unseres Feldleiters Grischy in Marburg und dem Gespräch mit der Missionsleitung waren sich bereits alle einig, dass Ehepaar Hery unter den Kaingang arbeiten dürfe. Ein weiteres, wunderbares Zeichen Gottes sollten wir in den nächsten Tagen bekommen.

Das Wunder unserer schriftlichen Erlaubnis

Anfang April 1967 gingen Missionar Grischy, Gojtéj und ich zum Regionalbüro des *SPI* in Curitiba. Dort baten wir um eine schriftliche Erlaubnis, im Reservat am Rio das Cobras zu wohnen und als Missionare unter den Kaingang arbeiten zu dürfen. Die-

[5] Diese Bezeichnung ist nicht despektierlich gemeint, sondern war in den 70er-Jahren die allgemein anerkannte Vokabel für indigene Völker.

se Genehmigung konnte nur der oberste Direktor des *SPI* in der Hauptstadt Brasília erteilen. Wenig ermutigend war für uns, was brasilianische Missionare uns erzählten, die im Reservat Apucaraninha unter der indigenen Bevölkerung arbeiten wollten. Sie warteten schon seit zwei Jahren auf eine solche Genehmigung. Als uns dann vier Tage nach unserem Besuch beim *SPI* der Beamte anrief und uns sagte, wir könnten unsere Erlaubnis abholen, konnte ich es kaum glauben. Wie sollte unser Gesuch in wenigen Tagen nach Brasília gelangt, dort bearbeitet, genehmigt und jetzt schon in Curitiba sein? Mit gemischten Gefühlen ging ich zum *SPI*-Büro. Kurze Zeit später kehrte ich zu Missionar Grischy mit dem gewünschten Dokument zurück. Es trug die Unterschrift des obersten Direktors in Brasília und war mit dem Stempel des Landwirtschaftsministeriums versehen, dem der *SPI* damals unterstellt war. Darauf war zu lesen:

> *An die Verantwortlichen der PIN*[6] *im Staat Paraná.*
> *1. Die Missionare Walter Hery und seine Frau, Ilsedore Hery, haben die Erlaubnis, unter der indigenen Bevölkerung in Paraná religiöse Aktivitäten zu entwickeln. Ihre Arbeit besteht aus Alphabetisieren, Krankenbehandlung und religiöser Orientierung.*
> *2. Den höheren Bestimmungen über diesen Bereich entsprechend, dürfen sich die Missionare, trotz dieser Erlaubnis, nicht in administrative Dinge einmischen.*
> *10. April 1967*

Wir konnten dieses Wunder kaum fassen, das ganz klar auf das Konto Gottes ging. Er selbst hatte es so eingefädelt, dass der Direktor, der in Brasília saß, am 10. April in Porto Alegre zu tun hatte und unterwegs in Curitiba Zwischenstation machte, um dort seinen Freund Dival, den Regionalchef des *SPI* zu besuchen. Dival war ein Freund von Gojtéj und bewunderte ihre Arbeit. Er

[6] PIN – Posto Indígena Nacional (Nationales Reservat für die indigenen Völker)

bat seinen Vorgesetzten bei seinem kurzen Besuch um seine Unterschrift unter das Dokument, die er ohne Weiteres erhielt.

»Ein Land, das ich dir zeigen will« – Im Reservat Rio das Cobras

Mit dieser Erlaubnis durften wir alle Reservate im Bundesstaat Paraná besuchen und dort arbeiten. Entsprechend der Erlaubnis des *SPI* umfasste unsere Arbeit Unterricht, Krankenbehandlung und biblische Verkündigung. Erstaunlicherweise sind das genau dieselben drei Tätigkeiten von Jesus, die im Matthäusevangelium erwähnt werden: *Und Jesus zog umher in ganz Galiläa,* lehrte *in ihren Synagogen und* predigte *das Evangelium von dem Reich und* heilte *alle Krankheiten und alle Gebrechen im Volk.* (Matthäus 4,23)

Ganzheitliche Mission

Ilsedore. Unser Verständnis von Missionsarbeit war von Anfang an ein ganzheitliches Konzept. Noch während wir die Sprache der Kaingang erlernten, brachten sie ihre kranken Kinder zur Behandlung. Die Nachricht von der Wirksamkeit unserer Medizin verbreitete sich rasch in allen Dörfern. Als wir einmal in Urlaub fuhren, waren wir froh, dass Gojtéj uns in der Krankenpflege vertrat. So konnten wir die Ferientage entspannter genießen. Als wir wieder zurückkamen, hatte sie eine wunderbare Überraschung für uns: Sie war mit einer Frau aus dem Reservat im Krankenhaus gewesen. Während der Arzt, Dr. Felipe, die Kranke untersucht hatte, hatte er Gojtéj erzählt, dass er dem *Chefe* im Reservat das Angebot gemacht habe, ins Reservat zu kommen und dort die Kranken kostenlos zu behandeln. Dafür benötige er nur einen kleinen Raum für die Untersuchungen. Aber der *Chefe* habe abgelehnt und gemeint, die Indios hätten ihre Schamanen und holten ihre Medizin im Wald. Als Dr. Felipe ihr das erzählte, hatte sie spontan zu ihm gesagt: »Wir nehmen Ihr Angebot sehr gerne an. Walter und Ilsedore werden sich sehr freuen.« Und so kam es, dass Dr. Felipe jeden Samstag nach dem Mittagessen zu uns zum Sarsé kam. Unsere Aufgabe war es, den Kaingang zunächst zu erklären, dass der Arzt kein Schamane war. Er stellte ihnen dann Fragen und tastete ihren Körper ab, um eine Diagnose zu stellen und die richtige Medizin zu verordnen. Wir waren Übersetzer und Handlanger und lernten dabei sehr viel. Langsam fassten die Kaingang Vertrauen und es kamen immer mehr Menschen zur Behandlung, sodass wir Dr. Felipe nur noch die schwierigen Fälle überließen und wir uns um den Rest kümmerten. Wenn die medizinische Arbeit abgeschlossen war, tranken wir zusammen Kaffee und aßen selbst gebackenen Kuchen. Das war dann unsere »Bezahlung«. Manchmal brachte er auch seine Familie mit. Seine vier Kinder waren im selben Alter wie unsere und so entstand eine jahrelange Freundschaft.

Wie dankbar war ich, dass wir unseren Nachbarn Fernandes hatten, der auf mich »aufpasste«, wenn Walter unterwegs war. Wenn er mit dem Pferd in die kleine Siedlung ritt, die etwa 5 Kilometer entfernt lag, fragte er mich immer, ob ich etwas brauchte. Wenn ich manchmal Patienten hatte, die schwer krank waren, und ich nicht wusste, welche Medizin ich ihnen geben sollte, schrieb ich die Symptome auf einen Zettel, den ich Fernandes mitgab. Er ritt die 25 Kilometer in die Stadt zu Dr. Felipe ins Krankenhaus. Der wusste, welche Medikamente ich hatte, oder er gab sie Fernandes mit. Das war für mich eine große Hilfe. Aber einfacher wäre es natürlich gewesen, wenn wir ein Telefon gehabt hätten.

Durch die Vermittlung von Dr. Felipe bekamen wir später einige Holzbaracken geschenkt, aus deren Brettern wir am Sarsé eine einfache, aber zweckmäßige Ambulanz errichten konnten.

Adelino, ein teurer, aber auch ein treuer Freund

Walter. Obwohl mein Sprachlehrer Pedrinho keine Uhr besaß, kam er jeden Morgen pünktlich um acht Uhr vorbei. Sein Zeitgefühl und das seines Volkes orientierte sich nämlich an der Sonne. Damals umschrieben die Indios die Armbanduhr als einen Gegenstand, den die Fóg am Arm tragen, um sehen zu können, wo die Sonne steht.

Obwohl heute am Sonntag kein Sprachunterricht war, war Pedrinho wie gewohnt erschienen. Er musste also ein besonderes Anliegen haben. Ungewöhnlich war, dass er ohne lange Vorrede sofort eine dringende Bitte vorbrachte: »Kannst du jetzt sofort eine kranke Kaingang holen? Sie lebt mit ihrer Familie außerhalb unseres Reservats auf einer Farm. Dort arbeitet ihr Mann schon seit einigen Jahren. Mein Sohn Constante kennt den Weg, er wird mit dir fahren.«

Was würde Jesus jetzt an meiner Stelle tun?, ging es mir durch den Kopf. Ich machte mich sofort auf den Weg, denn schließlich waren wir ja hierhergekommen, um den Menschen zu helfen! Zwei Männer und eine Frau fuhren mit. »Ob ich bis zum Mittagessen zurück sein werde, weiß ich nicht«, sagte ich zu Ilsedore, obwohl Pedrinho mir gesagt hatte, dass es nicht sehr weit sei.

Anfänglich war die Schotterstraße noch gut befahrbar. Doch dann wurde sie immer schlechter. Ich musste großen Steinen ausweichen und viele Schlaglöcher erschwerten uns das Vorankommen. Der Frau wurde von dem Geschuckel so schlecht, dass sie sich erbrach und sich ein fürchterlicher Gestank im Auto ausbreitete. Nachdem wir etwa 30 Kilometer gefahren waren, bogen wir auf einen Nebenweg, eine glatte getrocknete Lehmpiste, auf der es sich besser fuhr. Wir kamen an einem steilen Berghang vorbei. Links war der Berg, rechts ein steiler Abhang und unten floss ein nicht kleiner Bach. Ich fragte Constante, ob es noch weit sei. Besorgt schaute er mich an und sagte: »Das schlechteste Stück des Weges liegt noch vor uns.« Dann kamen wir an einen etwa 40 Meter breiten Flusslauf. Eine Brücke gab es dort nicht, aber das Wasser war auch nur etwa 30 cm tief, kein Problem für den Jeep. Die vielen Steine im Flussbett bildeten einen festen Untergrund, sodass wir nicht einsackten und ohne besondere Schwierigkeiten auf die andere Seite kamen. Etwas kompliziert war es lediglich, die Böschung hochzufahren. Nachdem wir einen zweiten kleineren Fluss durchquert hatten, kamen wir an einen Stacheldrahtzaun. Constante stieg aus und öffnete das »Tor« aus Stangen, die quergelegt waren. Das war die Einfahrt zu einer großen Farm. Im weiteren Verlauf musste er noch mehrere solcher Zauntore öffnen und natürlich auch wieder hinter uns schließen, damit das Vieh nicht davonlaufen konnte. Dann war die »Straße« definitiv zu Ende. Wir fuhren auf Land, das mit wildem Gras bewachsen war (Campo), und folgten einem schmalen Trampelpfad, bis selbst der Jeep nicht mehr weiterfahren konnte. Für die 44 Kilometer hatten wir drei Stunden gebraucht. Jetzt mussten die drei zu Fuß noch etwa 3 Kilometer weitergehen bis zu der Hütte, in der die Kranke auf Hilfe wartete.

Ich blieb beim Auto, das ich nicht allein in der Wildnis zurücklassen wollte. Eigentlich war es längst Zeit zum Mittagessen, aber der indigenen Bevölkerung sind regelmäßige Mahlzeiten unbekannt, sie essen immer dann, wenn sie etwas haben. Außerdem waren meine Gedanken von ganz anderen Problemen in Anspruch genommen. Am Himmel beobachtete ich schon eine Zeit lang dunkle Wolken, die sich immer mehr zusammenzogen und bedrohlich näher kamen. Wie würde sich wohl unsere Rückfahrt gestalten?

Derweil trafen meine Helfer in der armseligen Hütte von Adelino und seiner Familie ein. Er war vor einigen Jahren aus dem Reservat weggezogen und hatte bei einem Farmer Essen und Arbeit gefunden, genau in dieser Reihenfolge. Halb verhungert und zu Fuß war er dort mit seiner Familie angekommen. Um wieder zu Kräften zu kommen, brauchten sie etwas zu essen und mussten sich deswegen bei dem Farmer verschulden. Mit ihrer Arbeit versuchten sie daraufhin, ihre Schulden abzubezahlen. Aber weil auf der Farm kein Wald war, wo sie Früchte oder sonst etwas zum Essen hätten sammeln können, mussten sie nicht nur ihre Grundnahrungsmittel wie schwarze Bohnen, Mais und Reis beim Farmer kaufen, sondern auch Schweineschmalz, Salz, Maismehl,

Kaffee und Zucker. Und der legte natürlich auch die Preise fest. Selbst etwas anzubauen, war ihnen verboten. Aus diesem Zyklus kamen sie nicht heraus, sondern ihre Schulden wurden von Woche zu Woche mehr. Das nennt man moderne Sklaverei. Wenn einer von ihnen krank wurde und nicht mehr arbeiten konnte, war er (in der Regel) für den Farmer weniger wert als ein Stück Vieh.

In dieser Familie war nun die Frau ernsthaft erkrankt. Erst später erfuhr ich, dass sie eine Fehlgeburt gehabt hatte. Adelino kannte unsere Krankenstation am Sarsé vom Erzählen anderer. Er selbst war noch nie zur Behandlung zu uns gekommen. Jetzt, in seiner Not, hatte er einen Hilferuf geschickt und gehofft, dass wir unserem Bruder Pedrinho die Bitte nicht abschlagen würden. So kamen wir an jenem Sonntagnachmittag an diesen entlegenen Ort am Ende der Welt.

Schnell hatten die Männer eine Trage improvisiert, auf der sie die Patientin entlang des schmalen Pfades gut tragen konnten. Nach drei Stunden kam die ganze Gruppe im Gänsemarsch mit der improvisierten Bahre, auf der die stöhnende kranke Frau lag, zu mir zurück, die komplette Familie mit Körben und Kochtöpfen, Hunden und Hühnern im Schlepptau. Wie wir das alles in unserem Jeep verstaut haben, ist mir bis heute ein Rätsel. Dann begann es auch noch zu regnen. Zuerst fielen nur ein paar Tropfen, aber bald wurde der Regen stärker. Mir wurde es angst und bange! Bevor es losging, legte ich vorsichtshalber Ketten um beide Hinterreifen. Als wir schließlich abfahrbereit waren, wurde es schon dunkel. Die Fahrt auf den ersten Kilometern über das ebene Farmland verlief einigermaßen ohne Zwischenfälle, obwohl der Jeep so vollgepackt war. Aber als wir an den ersten Flusslauf kamen, schlug mein Herz heftiger. Viel Erfahrung auf solchen Straßen hatte ich ja noch nicht gemacht. Schon beim Durchfahren des ersten kleineren Gewässers kam ich die Böschung nicht hoch. Die Männer mussten am Ufer einen neuen Weg durch den Busch freischlagen. Beim zweiten Versuch gelang schließlich die Durchfahrt und wir kamen einige Kilometer gut voran. Dann kamen wir zu dem breiteren Fluss. Was auf dem Hinweg noch ein harmloses Gewässer gewesen war, war durch den starken Regen inzwischen zu einem gefährlichen Strom geworden. Einen Umweg gab es nicht. Wir mussten den Fluss wieder durchqueren. Weil das Ufer so steil war, mussten jetzt alle aussteigen und die Schwerkranke wurde von zwei Männern durch den Fluss getragen. Als ich den Wagen die Böschung hinunter in den Fluss lenkte, konnte ich mit den Scheinwerfern das andere Ufer nicht mehr sehen. Und dann geschah es: An der tiefsten Stelle blieb der Jeep stecken. Die Situation war bedrohlich und ich hatte Angst, dass der Jeep von der Strömung fortgerissen oder umkippen würde. Der Wagen stand quer zur Strömung. Ich musste mehrmals zurückfahren und wieder Anlauf nehmen und verlor dabei eine der beiden Ketten. Das bemerkte ich aber erst später, als wir mit viel Schweiß und Gebet bereits das andere Ufer wieder hochgekommen waren und auf der Lehmstraße standen, wo die Insassen wieder einsteigen konnten. Nach dem kurzen Halt und einem langen und aufrichtigen Dankgebet fuhren, nein rutschten oder schlitterten wir auf der nassen, gefährlichen Erdstraße weiter. Ich betete unablässig: »Lieber Gott, erhalte das Leben dieser kranken Frau und lass uns wohlbehalten zu Hause ankommen.« Damals gab es ja noch keine Handys und auch sonst keine Möglichkeit, den zu Hause Wartenden eine Nachricht zukommen zu lassen. Wir waren zehn Personen im Auto! Es roch nach Schweiß und Erbrochenem und inzwischen hatte ich den Eindruck, dass die Todkranke kaum noch ein Lebenszeichen von sich gab. Wegen des starken Regens mussten wir die Fenster geschlossen halten und konnten nicht lüften. Der Gestank war kaum zu ertragen. Auf der nassen Lehmstraße rutschte unser Jeep wie auf Glatteis. Während es immer heftiger regnete und ein gewaltiger Wolkenbruch die Fahrt immer gefährlicher werden ließ, schickte ich ein Gebet nach dem anderen gen Himmel. Die Minuten, die verstrichen, kamen mir wie eine Ewigkeit vor. Ich hatte den Eindruck, dass wir Stunden brauchten, um einen Kilometer weiterzukommen. Engel müssen uns in dieser Nacht begleitet und behütet haben.

Im Auto hörte man nicht nur die Geräusche der Tiere und das Jammern der Kinder, sondern vor allem das Stöhnen der todkranken Frau. Irgendwann wurden plötzlich alle Geräusche von einem erschreckend lauten Geschrei übertönt. Das war mehr als ein trostloses Weinen. Diese Totenklage, wie sie bei den Kaingang üblich ist, kam mir nicht zum ersten Mal zu Ohren. Trotzdem ging es mir durch Mark und Bein.

Als wir erst weit nach Mitternacht zu Hause ankamen, wurden wir trotz der Dunkelheit von vielen Indios erwartet. Durch die laute Totenklage wussten sie natürlich gleich, dass die Frau bereits gestorben war. Um mich zu trösten, sagte mir jemand, Adelino habe gar nicht erwartet, dass ich seine »kranke« Frau zur Behandlung holen würde. Er wusste, dass sie sterben würde. Er wollte nur, dass sie nicht dort bei den *Fóg* in der Fremde stirbt, sondern auf dem Friedhof der Indios in seinem Reservat begraben wurde.

Für mich war das in diesem Augenblick kein Trost. Ich fühlte mich getäuscht und ausgenutzt, sozusagen über den Tisch gezogen. Verärgert sagte ich in meiner damaligen Unwissenheit meinem Lehrer Pedrino, der mich um diese Fahrt gebeten hatte, dass ich zu jedem Opfer bereit bin, wenn es darum geht, ein Menschenleben zu retten. Doch als Bestattungsunternehmer konnte ich mich nicht sehen. Es sollte nicht die einzige Fahrt bleiben, bei der ich einen Verstorbenen transportierte.

Für die Kaingang ist es ganz wichtig, dass ihre Toten nach ihrem Verständnis *richtig* begraben werden. Dazu gehört in erster Linie, dass sie möglichst zu Hause sterben und vor allem auf ihrem eigenen Friedhof begraben werden. Dies sollten wir noch deutlich zu spüren bekommen. Um eine sterbende Frau von einer entlegenen Farm in das Reservat heimzuholen, hatten wir viel riskiert. Aber diese abenteuerliche und gefährliche Autofahrt sollte der Preis dafür sein, dass wir in Adelino einen treuen Freund gefunden hatten. Wir konnten ja nicht ahnen, wie wertvoll für uns diese Freundschaft noch sein würde.

An einem Nachmittag sahen wir auffällig viele Kaingang in der

Nähe unseres Hauses am Sarsé. Es waren sehr viele Männer aus anderen Dörfern darunter. Auf unsere Frage, ob etwas Besonderes stattfinden würde, bekamen wir keine klare Antwort. Als es am Abend dunkel wurde, waren sie aber nicht mehr zu sehen. Dafür hatten wir nur die einfache Erklärung: Kaingang gehen ganz selten in der Nacht aus ihren Hütten. Und wenn, dann nur, wenn es dringend notwendig ist. Sie fürchten nämlich die Dunkelheit und fühlen sich schutzlos den Geistern ausgeliefert.

Gegen 22.00 Uhr löschten wir unsere Petroleumlampen und gingen zu Bett. Wie gewohnt, schliefen wir nicht ohne Gebet ein. Für uns war es eine Nacht wie jede andere auch. Wir wurden weder zu einem Kranken gerufen noch vom Grölen Betrunkener geweckt. Was sich jedoch in jener Nacht um unser Haus herum abspielte, erfuhren wir von Pedrinho erst Wochen später.

Einige Kaingang hatten von jemand, der uns feindlich gesonnen war, Petroleum bekommen. Das sollten sie am Abend um unser Bretterhaus herum verschütten und eine Zigarette fallen lassen. Was dann geschehen würde, kann man sich gut vorstellen. Adelino wohnte in einem Dorf, das mehr als 10 Kilometer von unserem Haus entfernt lag. Er war zwar kein Christ und ist es auch später, soweit wir erfahren haben, nicht geworden, aber er war uns ein treuer Freund geworden. Als ihm der geplante Anschlag auf unser Haus zu Ohren kam, beteiligt er sich nicht an dieser Aktion, sondern sammelte stattdessen Männer in seinem Dorf, die in jener Nacht und vielleicht in manchen anderen das Vorhaben unserer Feinde verhinderten. Für uns waren auch sie Engel Gottes in Menschengestalt.

Harre des Herrn!

Ilsedore. Als Walter mit Constante aufgebrochen war und sich mit den Worten »Ob ich bis zum Mittagessen zurück sein werde, weiß ich nicht« von mir verabschiedet hatte, füllte sich unser Haus mit Kindern und Erwachsenen. Ich war froh, dass Pedrinho bei mir war, denn meine Sprachkenntnisse waren noch nicht so gut. Als es bereits Zeit zum Mittagessen war und von Walter noch immer keine Spur zu sehen war, kamen immer mehr Kaingang und warteten neugierig in und bei unserem Haus. Da wusste ich, dass etwas Besonderes vorliegen musste. Ich fragte Pedrinho: »Wenn du mit deinem Pferd morgens dahin losreitest, wo Walter hingefahren ist, wärst du dann am Nachmittag wieder zu Hause?« – »Ja, bevor es dunkel wird, wäre ich wieder zurück«, war seine Antwort. Diese Aussage beruhigte mich ein wenig, denn es waren ja noch einige Stunden, bis es dunkel wurde. Zudem ist ein Auto schneller als ein Pferd, dachte ich. So ging ich wieder meiner Arbeit nach. Meine Gedanken allerdings waren bei Walter. Am Himmel bildeten sich schwarze Wolken und es gab einen heftigen Wolkenbruch. Einige Kaingang waren vorher in den Nachbarhütten verschwunden. Als es dunkel wurde, verabschiedete sich Pedrinho und sagte, er komme später wieder, wenn Fár zurück sei. Mittlerweile waren auch die anderen gegangen und nur mein kleiner Beschützer, Véso, war bei mir geblieben. Er wohnte zwar im Nachbarhaus, schlief aber oft bei uns im Haus, wenn Walter unterwegs war. Auch jetzt saß er auf dem Hocker und leistete mir Gesellschaft, damit ich nicht so allein war. Die Uhr lief weiter und meine Angst wuchs. Ich wusste gar nicht, wo ich Hilfe suchen könnte. In Gedanken flehte ich zu Gott, er möge Walter bewahren und ihn gut nach Hause bringen. Mehrmals wäre Véso vor Müdigkeit beinahe vom Stuhl gefallen, aber auf meine Bitte, er solle doch nach Hause gehen und morgen wiederkommen, meinte er, er sei gar nicht müde. Als ich dann schließlich um 22:00 Uhr zu Bett ging, war das für ihn die Möglichkeit, guten Gewissens auch nach Hause zu gehen. Ich fiel auf meine Knie und bat Gott inbrünstig um seine Hilfe. Ich griff zu meiner Bibel und schlug sie auf, um meinen Blick weg von dem Problem auf Gott zu richten. Da fiel mein Blick auf Psalm 27,14: *Harre des Herrn! Sei getrost und unverzagt und harre des Herrn.* Mit diesem tröstlichen Wort schlief ich dann bald fest ein. Erst nach Mitternacht wurde ich durch außergewöhnliches Geschrei geweckt. Vor unserem Haus sah ich zuerst meinen Mann neben unserem Jeep stehen. Ich dankte Gott, dass er gesund zurückgekommen war. Walter selbst war umringt von einer Traube von Menschen, Hühnern, Hunden und einer Menge Körbe. Das trostlose Totengeschrei verkündigte, dass die Kranke, die Walter zur Behandlung holen sollte, bereits gestorben war. Und doch hatte ich wieder einmal erlebt, dass Gottes Wort lebendig ist und uns in unserer jeweiligen Situation anspricht und stärkt.

Tuberkulose

Walter. Unter den Kaingang und Guaraní am Rio das Cobras gab es einen außergewöhnlich hohen Prozentsatz an Tuberkulosekranken. Durch unseren ständigen Kontakt mit diesen Menschen, die mit den nötigen Vorsichtsmaßnahmen nicht vertraut waren, lebten wir als Familie in permanenter Ansteckungsgefahr, sodass einige Kollegen uns ermahnten, wegen unserer Kinder unseren Dienst unter den Kaingang aufzugeben. Doch der Herr, der uns diesen Auftrag gegeben hat, bewahrte unsere Familie vor dieser Gefahr.

Erkrankte Indios, bei denen wir Tuberkulose vermuteten, mussten wir nach Guarapuava zur Untersuchung bringen. Das war eine Fahrt von 130 Kilometern auf geschotterter Straße hin und auf demselben Weg ging es auch wieder zurück. Wenn wir frühmorgens in unseren Jeep stiegen, gaben wir jedem der vier oder fünf Kranken eine leere Dose zum Hineinspucken. Zum einen war das notwendig, damit das Auto nicht mit TB-Bazillen verseucht wurde. Zum anderen war dieser Auswurf das beste Material für die Sputum-Untersuchung. Denn nur Kranke mit positivem Auswurf bekamen von der Gesundheitsbehörde die erforderlichen Medikamente. Manche Kranke haben wir mehrmals in monatlichen Intervallen nach Guarapuava fahren müssen, bis ihr Sputum positiv war! Blutsenkungen konnten wir bald selbst durchführen. Das hatte unser Arzt uns gezeigt.

Mit Verstorbenen im Auto unterwegs

In der Krankenbehandlung hatten wir neben den Kaingang auch mit den Guaraní zu tun. Beide Volksgruppen lebten zwar im selben Reservat, aber in getrennten Dörfern. Sie haben nämlich nicht nur sehr verschiedene Sprachen, sondern auch ganz andere Sitten und Gewohnheiten. Ein Guaraní, den wir kennengelernt hatten, war Gabriel, dessen Frau wegen Verdachts auf TB schon zweimal nach Guarapuava mitgefahren war. Ihre Blutsenkung sprach für TB, aber ihr Sputum war negativ. Nun fuhr sie zum dritten Mal mit. Zum Glück hatten wir im Toyota noch einen zusätzlichen Platz frei und so konnte Gabriel seine schwache Frau begleiten und sie auf der holprigen Straße im Arm halten. Ihr Sputum war auch an diesem Tag negativ. Als der Arzt sie auf meine dringende Bitte hin untersuchte, starb sie auf dem Untersuchungstisch – trotz negativem Sputum. Nun war das Entsetzen groß. Was sollte mit dem Leichnam geschehen? Zur damaligen Zeit, im Jahr 1968, bestand die einzige Lösung darin, die Tote im Jeep mit nach Hause zu nehmen. Wie gut, dass ihr Mann mitgefahren war. Jetzt auf der mehrstündigen Rückfahrt hielt er die Leiche seiner Frau wieder fest im Arm, nur dass alles Leben aus ihr gewichen war. Ein trauriger Tag für Gabriel, der uns aber für den Tod seiner Frau nicht verantwortlich machte. Wir blieben auch weiterhin Freunde.

Es sollte mit unserem Auto noch viele weitere Fahrten mit Verstorbenen geben, die nicht in einen verschlossenen Sarg gebettet waren, sondern sich zwischen den Lebenden befanden. Jedes Mal waren wir hinterher gespannt darauf, ob die Kaingang trotzdem auch weiterhin in unserem Auto mitfahren würden, wo sie doch ihre Hütten, in denen jemand gestorben war, nicht weiter bewohnten, sondern sie verließen und Wind und Wetter preisgaben.

Die Totenwache ohne Leichnam

Miguel war ein Neffe des alten Häuptlings, der von allen nur *Major* genannt wurde. Die ganze Familie war uns nicht wohlgesonnen. Miguel hatte Tuberkulose und hatte sich zunächst von einem *Kujá* (Schamane) behandeln lassen. Bis er schließlich doch zu uns in Behandlung kam, war die Tuberkulose schon im fortgeschrittenen Stadium. Da verlangte der *Major* von uns, seinen Neffen Miguel nach Guarapuava zu fahren, um dort die nötigen Medikamente zu erhalten. Ich war bereit, ihn allein nach Guarapuava zu bringen. Doch dann war ich sehr froh, dass sein Onkel mitfuhr. Diesmal waren wir nur zu dritt im Auto. Der Kranke war schon sehr schwach und stöhnte ununterbrochen während der stundenlangen Fahrt. In Guarapuava wurde er vom Arzt untersucht und sofort nach Lapa in die Lungenklinik überwiesen. Nach Lapa waren es mehr als 400 Kilometer und nur ein Teil der Straßen war asphaltiert. Was sollten wir tun? Wie gut, dass der *Major* mitgefahren war. Darin erkannte ich die Führung Gottes. Nach einigem Hin und Her verständigten wir uns darauf, dass wir am selben Tag – inzwischen war schon der Nachmittag angebrochen – weiter in Richtung Lapa fuhren. Auf dem Weg dorthin lag Curitiba, wo wir gegen Mitternacht ankamen und im Freizeitheim *Rogate* übernachten konnten. Am nächsten Morgen fuhren wir die restlichen 90 Kilometer nach Lapa in die Lungenklinik. Wie froh war ich, dass der *Major* sehen konnte, wo sein Neffe untergebracht wurde. Er schien recht zufrieden zu sein. Doch die lange Heimfahrt verbrachten wir die meiste Zeit schweigend.

Tage und Wochen voller Spannung vergingen. Eine telefonische Verbindung war praktisch nicht möglich. Eines Tages übergab ein Lkw-Fahrer an der Bundesstraße, die durch das Reservat führte, einem Indio einen Zettel, den er dem alten Häuptling übergeben sollte. Damit kam der *Major* zu mir. Auf dem Zettel stand die kurze Nachricht, Miguel wolle seine Familie sehen, aber ein Datum war nicht vermerkt. Daraufhin fuhr ich nach Laranjeiras do Sul in die Kreisstadt. Dort ging ich in ein Hotel, wo es ein Telefon gab, das einzige im ganzen Ort. Es dauerte jedoch den ganzen Tag, bis am Abend eine Verbindung mit der Lungenklinik hergestellt werden konnte. Ich erfuhr, was ich schon befürchtet hatte: Miguel war einige Tage zuvor verstorben und längst begraben. Der Zettel mit der Nachricht war viele Tage unterwegs gewesen, bis er den Weg zum Empfänger gefunden hatte. Wie sollte ich dem *Major*, der draußen vor dem Hotel wartete, nun diese tragische Nachricht überbringen? Das Schlimmste war ja nicht, dass sein Neffe gestorben war. Damit hatte die Familie irgendwie gerechnet. Am dramatischsten war, dass er in der Fremde, ohne Familienangehörige gestorben und dazu noch auf einem fremden Friedhof ohne die nötige Beerdigungszeremonie begraben worden war. In diesem Moment konnte ich nicht ahnen, welches Nachspiel das für mich haben sollte und dass nur durch das gnädige Eingreifen Gottes eine Tragödie verhindert wurde.

Der *Major* verlangte von mir, die gut tausend Kilometer zurückzulegen, um den Leichnam seines Neffen zu exhumieren und nach Hause zu holen. Heute wäre das vielleicht kein Problem, doch zu der damaligen Zeit war es unmöglich. Nachdem ich das der Familie klarmachen konnte, bestand der *Major* darauf, wenigstens das Grab zu sehen und zu erfahren, wie sein Neffe beerdigt worden war. Die Situation war sehr kritisch, sodass ich mich dazu bereit erklärte, mit ihm nach Lapa zu fahren. – Später erfuhren wir, dass die Angehörigen schon beschlossen hatten, mich umzubringen, weil sie mich dafür verantwortlich machten, dass der Neffe in der Fremde gestorben war. Als ich nun aber einwilligte, mit dem *Major* nach Lapa zu fahren (die Angehörigen hatten keine Ahnung von den Strapazen, die mit einer solch weiten Fahrt auf derart schlechten Straßen verbunden waren), konnte er sie von diesem Vorhaben abbringen. Zudem versicherte er ihnen, dass er selbst die Entscheidung getroffen habe, der Bitte seines Neffen zu entsprechen und ihn umgehend nach Lapa in die Klinik zu bringen. Wir beide fuhren also nach Lapa, konnten mit dem Personal der Klinik sprechen und das Grab besichtigen. Dem *Major* wurde versichert, dass sein Neffe katholisch begraben worden war und dass keine Möglichkeit bestehe, die Leiche zu exhumieren und mitzunehmen.

Wenige Tage später wurde im Haus des Häuptlings eine Beerdigung ohne Leichnam durchgeführt. Wir hörten in der Ferne nur das Geschrei der Totenwache. Später erzählte man uns, dass die restlichen Kleider des Verstorbenen, die zu Hause noch vorhanden waren, auf zwei Bretter gelegt wurden, wie wenn ein Leichnam dort läge. Kerzen wurden wie bei einer »*Guarda*« (Totenwache) angezündet und die übliche Zeremonie durchgeführt. Das markerschütternde, furchtbare Totengeschrei und alles, was sonst zur Totenwache gehört, dauerte die ganze Nacht bis zum Morgengrauen.

Hatte unser letztes Stündlein geschlagen?

Venício war mit unserem Nachbarn Fernandes verwandt, darum sollte er zur Behandlung seiner offenen Tuberkulose nicht in einer der Krankenhütten wohnen, sondern lebte trotz unserer Bedenken zusammen mit seiner Familie in der Hütte unseres Nachbarn. Tuberkulosekranke brauchten täglich nicht nur eine ganze Handvoll Medikamente, sondern auch gute Ernährung. Da die Kaingang mit regelmäßigen Mahlzeiten nicht vertraut waren, kochte Ilsedore täglich sowohl für Venício als auch für die 13 anderen Tuberkulosekranken ein reichhaltiges Mittagessen. Wir wollten ja schließlich, dass sie wieder gesund wurden. Dem kranken Venício brachte ich regelmäßig einen großen Teller mit Reis, schwarzen Bohnen und Fleisch an sein Krankenlager in der Nachbarhütte. Eindrücklich erklärte ich ihnen die Gefahr der Ansteckung, dass niemand vom selben Teller essen sollte wie der Kranke. Ich war nicht wenig entsetzt, als ich auf dem Rückweg vom Wasserholen am Bach in die Hütte schaute und sah, wie mehrere Kinder, ganz nach der Gewohnheit der Kaingang, mit dem Löffel des Kranken aus dessen Teller aßen.

Weil Venício die Medizin nicht schmeckte, nahm er sie auch nicht ein, was ich bald danach erfuhr. So kam es, dass wir seine Söhne baten, ihren alten Vater besser wieder mitzunehmen und ihn zu Hause sterben zulassen, bevor er hier noch andere ansteckte. Das taten sie dann auch.

Mein Vorschlag war ein gut gemeinter Rat, aber ein großer Fehler, dessen tragische Folge wir bald zu spüren bekommen sollten. Wenige Tage später bekamen wir Besuch von unserem Nachbarn Fernandes. Meistens besuchte er uns, wenn wir gerade beim Essen waren. So auch dieses Mal, gern ließ er sich dann einladen, etwas mitzuessen. Als plötzlich der kleine Véso, sein Enkel, ganz aufgeregt in unser Haus kam und seinem Großvater etwas ins Ohr flüsterte, sprang Fernandes wie von der Tarantel gestochen auf und rannte aus dem Haus. Bald danach hörten wir auch schon das Geschrei und die Drohungen der betrunkenen Söhne von Venício. Der Vater war gestorben, und weil sie uns die Schuld an seinem Tod gaben, wollten sie ihn rächen. Mit langen Buschmessern und -äxten näherte sich die grölende Horde Betrunkener unserem Haus. Lauthals drohten sie damit, sie würden uns den Kopf abschlagen.

Wir waren entsetzt und dachten, unser letztes Stündlein habe geschlagen. Ich verschloss Tür und Fensterluken und Ilsedore nahm unseren kleinen Ka'egso auf den Arm. Wir gingen die Treppe hinauf zum ausgebauten Dachgeschoss, wo sonst Gojtéj wohnte, wenn sie am Rio das Cobras war. Ka'egso war erst ein halbes Jahr alt. Durch die kleine Fensterluke an der Giebelwand sahen wir, wie sich die Betrunkenen unserem Haus näherten. Wir knieten nieder und beteten wie unser Herr Jesus in Gethsemane und befahlen Gott unsere Seelen an. Grundsätzlich waren wir dazu bereit, den Märtyrertod zu erleiden. Auf der anderen Seite wollten wir gern noch so viel für Jesus wirken. Als wir uns nach einem langen Gebet von den Knien erhoben, war es draußen ruhiger geworden. Vorsichtig schauten wir durch die kleine Luke und trauten unseren Augen nicht. Die betrunkenen Männer waren von der Kaingangpolizei überwältigt worden und lagen gefesselt am Boden. Fernandes hatte den Polizeichef verständigt, der in unserer Nähe wohnte. Und der hatte sofort seine Leute geschickt, die nun die Gefesselten ins Gefängnis abführten.

An diesem Abend hatte Gott uns das Leben neu geschenkt, sicher weil er noch einen Auftrag für uns hatte. Wir durften erleben, was Asaph in Psalm 50,15 schreibt: *Rufe mich an in der Not, so will ich dich erretten und du sollst mich preisen.*

Ilsedores erste Geburt bei einer Guaraní-Frau

Ilsedore. Alles was man zum ersten Mal tut, bleibt in Erinnerung. In den frühen Jahren unserer Zeit in Brasilien brachte ich die Frauen der Kaingang zur Entbindung in die Stadt zu Dr. Felipe. Ich blieb dann die ganze Zeit bei ihnen und sprach ihnen in ihrer Sprache Mut zu. Dank verschiedener Praktika hatte ich zwar einige Kenntnisse in Geburtshilfe, aber allein hatte ich eine Geburt noch nie durchgeführt. Dr. Felipe machte mir dazu immer wieder Mut. Er sagte: »Wenn die Herztöne gut zu hören sind, das Kind in der richtigen Position liegt und die Mutter schon ein Kind geboren hat, dann kannst du die Geburt durchführen. Du musst nur schauen, dass die Plazenta vollständig ist.«

Es geschah in einer Nacht. Walter war auf einer Reise, als ein Guaraní mich weckte, weil seine Frau ein Kind bekam. Sie lag in einer Krankenhütte in der Nähe unseres Hauses am Sarsé. Ich weckte Luisa, die mir im Haushalt half. Unsere drei Kinder schliefen fest. Mein erster Gedanke war, jetzt habe ich kein Auto, falls es doch zu Komplikationen kommt und wir ins Krankenhaus müssen. Da kann ich nur mit Gottes Hilfe rechnen. Das nötige Material für eine Geburt hatte ich. Luisa nahm die Erdöllampe und wir näherten uns der Hütte. Die Frau lag auf dem Boden und die Wehen kamen in regelmäßigen Abständen. Beim Untersuchen merkte ich, dass alles in Ordnung war. Wie gut, dass unser Vater im Himmel auf Stoßseufzer hört. Da ich nur wenige Wörter in Guaraní kannte, konnte ich die Frau nur in Portugiesisch ermutigen und trösten. Es war schon eine besondere Situation, kniend bei schwachem Licht und mangelnder Hygiene eine Geburt zu begleiten. Der Mann sorgte für warmes Wasser.

Wie dankbar waren wir, als ein gesunder Junge zur Welt kam. Luisa nahm den Kleinen, der kräftig schrie, während ich mich um die Mutter kümmerte, bis sich die Plazenta löste. Ein Dankgebet ging zum Himmel, denn sie war vollständig. Ich gab sie ihrem Mann. Er würde sie nach seiner Gewohnheit entsorgen. Die

Guaraní vergraben die Plazenta in einer Ecke ihres Hauses. Bei den Kaingang nimmt meist eine ältere Frau die Plazenta an sich und vergräbt sie an einem unbekannten Ort. Nachdem Mutter und Kind versorgt waren, fragte ich sie, ob ich beten dürfte und Gott dafür danken, dass er uns geholfen und ihnen ein gesundes Kind geschenkt hatte. So konnte ich den Segen Gottes auf diese Familie legen. Danach gingen wir wieder froh und dankbar nach Hause. Unsere Kinder hatten gar nicht mitbekommen, dass wir sie in Gottes Schutz zurückgelassen hatten.

Am nächsten Morgen besuchte ich die Frau gleich noch einmal. Mutter und Kind ging es gut, doch welch einen Schreck erlebte ich am dritten Tag. Die Frau hatte einen prallen Bauch und stöhnte vor Schmerzen. Was war geschehen? Was hatte ich übersehen? Zum Glück konnte ihr Mann ein Auto besorgen und wir fuhren in die Stadt zu Dr. Felipe. Der untersuchte sie und fragte mich, ob sie uriniert habe. Ich wusste es nicht, aber nachdem er ihr einen Katheder gelegt und sie Wasser gelassen hatte, war das Problem gelöst. Ich war dankbar und hatte wieder etwas dazugelernt. Dr. Felipe war ein sehr guter Lehrer, der viel Geduld hatte. Dankbar fuhren wir zurück zum Rio das Cobras. Gott ist treu.

Masern-Epidemie

In den ersten drei Monaten im Jahr 1970 hatten wir eine schlimme Masern-Epidemie. 234 Kinder und Erwachsene waren ernstlich erkrankt. Die Krankheit konnte sich so schnell verbreiten, weil die Kaingang damals noch nicht die Gefahr der Ansteckung kannten und ihre Verwandten auch in weit verstreuten Dörfern besuchten. Die Nachricht, dass auf der Mission keiner an Masern starb, sprach sich schnell herum. Und so wuchs unser Dorf am Sarsé. Immer mehr Familien bauten ihre Hütten in unserer Nähe. Wir arbeiteten Tag und Nacht. Auch unsere beiden Kinder waren betroffen. Walter war sehr oft unterwegs, um Kranke zu holen oder bei den Ärzten um die nötigen Medikamentenmuster zu betteln. Wie gut, dass zwei junge Mädchen für jeweils 14

Tage zum Missionseinsatz aus Curitiba zu uns kamen. Eines half mir bei den Kranken, das andere übernahm die Kinder und den Haushalt.

Eines Tages kam der am meisten gefürchtete Schamane mit seinem kranken Enkel angeritten. Seine Frau ging zu Fuß hinterher, auf dem Rücken einen vollbeladenen schweren Korb, den sie mit einem Stirnband um den Kopf befestigt hatte. Den Namen des einäugigen Schamanen nannte man nur unter vorgehaltener Hand, um die Geister nicht aufmerksam zu machen. Angeblich konnte er Menschen gesund machen oder sie mit Krankheiten belegen. Man munkelte, seine Frau habe ihn dazu überredet, mit dem einen Enkelsohn zur Mission zu kommen, nachdem ein anderer seiner Enkel an Masern gestorben war. Gott sei es gedankt, dass der Junge tatsächlich gesund wurde. Danach bezeichnete der Schamane uns als Kollegen und schickte sogar seine Patienten zu uns. Er sagte ihnen: »Der Fár hat gute Medizin für die Symptome der Krankheiten, aber die Ursache kann nur ich behandeln.«

Wenn jemand krank wurde, glaubten die Menschen damals, dass dies ein Schamane verursacht hatte oder man die Krankheit durch den bösen Blick bekommen hatte. Dies war auch der Grund, warum die Indios anderen Menschen nicht in die Augen sahen, wenn sie miteinander sprachen. Daran musste ich mich erst gewöhnen, weil mir schon von klein auf gesagt wurde: »Schau die Person an, mit der du sprichst.« Bei den Kaingang gilt: »Schau weg, wenn du mit jemandem sprichst.«

Am Ende dieser anstrengenden Zeit mussten wir erkennen, dass Gott uns durch diese Epidemie viele Türen zu den Kaingang geöffnet hatte.

Pedrinho fragt Jesus

Walter. Unser erster *Chefe* von der *FUNAI* war ein pensionierter Soldat. Er ließ sehr viele jahrhundertealte brasilianische Araukarien fällen. Mit den Brettern wollte er für alle Indios ordentliche Häuser errichten, das versprach er jedenfalls. Doch die Enttäuschung war groß, als es nur ein Dutzend Häuser waren, die mit den minderwertigen Brettern gebaut wurden.

Neben den wenigen kleinen Wohnhäuschen wurden aber noch andere Bauvorhaben realisiert. Für die Schlepper und Anhänger, die auf den Feldern gebraucht wurden, wurde eine große Scheune gebaut. Darin wurde auch die üppige Maisernte gelagert. Für das Saatgut wurden ausgesuchte Maiskolben von Hand abgerubbelt. Bei einer Gelegenheit sagte mir dieser *Chefe*, für die indigene Bevölkerung sei ein Tanzsaal wichtiger als eine Kirche. Daher ließ er mit den Brettern auch noch eine einfache große Halle mit Holzfußboden errichten. In diesem großen Raum konnten über hundert Menschen ihre Tanzfeste durchführen.

Derselbe *Chefe* erklärte mir auch, dass er seit seiner Firmung keinen Fuß mehr in eine Kirche gesetzt habe. Den Kaingang gegenüber gab er sich jedoch als ein guter Katholik aus. So ließ er auch eine relativ große katholische Kirche bauen. Zunächst war ich naiv und ahnte nicht, was hinter seinem Plan steckte, bis mir eines Nachmittags Pedrinho sagte: »Der *Chefe* hat mich heute rufen lassen. Er wünscht, dass alle Indios gute Katholiken werden. Darum hat er für sie die Kirche bauen lassen, die jetzt fertig ist. Jetzt braucht er nur noch einen *Capelão* (eine Art Prädikant, wie man es aus der evangelischen Kirche kennt). Er hat gesagt, dass niemand dieses Prädikantenamt so gut ausführen könne wie ich. Aber weil ich nicht sofort zugesagt habe, hat er mich nach Hause geschickt, damit ich es mir überlegen kann. Morgen soll ich ihm meine Antwort geben.«

Pedrinho und seine Familie waren bis dahin die ersten Christen und bildeten die Säule der kleinen Gruppe, die zu den Gottesdiensten kam. Wenn Pedrinho jetzt zur katholischen Kirche wechselte, könnten wir unsere Koffer packen. Jetzt durchschaute ich, welche Absicht der *Chefe* mit dem Kirchbau verfolgt hatte.

Meine Antwort an Pedrinho, ob er das *Angebot* annehmen solle, lag mir schon auf der Zunge. Doch da bremste mich der Heilige Geist. Gott sei Dank! Sonst wäre etwas Schlimmes passiert.

Und so sagte ich zu ihm: »Pedrinho, geh nach Hause und sprich mit Jesus darüber. Er wird dir die richtige Antwort für den *Chefe* geben. Wir beten hier heute Abend für dich.«

Und wie wir gebetet haben! Es war für Kaingang nicht üblich und sehr riskant, dem *Chefe* einen Wunsch abzuschlagen oder ihm gar zu widersprechen.

Am nächsten Tag kam Pedrinho nachmittags zu mir. Ich war gerade in unserer Apotheke und sortierte Medikamente in die Regale, als er sagte: »Ich war beim *Chefe*.« – Pause. – Ich ließ meine Arbeit liegen und setzte mich neben ihn. »Ich habe ihm meine Antwort gegeben.« – Pause. – Am liebsten hätte ich Pedrinho geschüttelt. Warum spannte er mich so auf die Folter? Doch ich wusste ja: Wenn es um wichtige Entscheidungen geht, sind Ruhe und Geduld erforderlich. »Ich habe dem *Chefe* gesagt, dass ich das Amt nicht annehmen werde.« Jetzt sprudelte es nur so aus ihm heraus: Der *Chefe* sei zuerst wütend darüber gewesen, weil er es nicht gewöhnt sei, dass man seiner Bitte nicht Folge leiste. Dann habe er wissen wollen, ob er bei mir gewesen sei und mich dazu befragt habe und ob ich ihm abgeraten habe. Daraufhin habe er ihm haargenau erzählt, wie alles am Vortag verlaufen sei und dass ich ihm geraten habe, er solle darüber zu Hause beten. Jesus würde ihm die richtige Antwort geben. Da habe der *Chefe* gemerkt, dass Pedrinhos Antwort endgültig war, und habe ihn wie einen lästigen Hund fortgeschickt.

Wie dankbar war ich, dass ich Gott nicht vorgegriffen hatte und mich der Heilige Geist »zurückgepfiffen« hatte. Sonst hätte ich dem *Chefe* eine goldene Brücke gebaut, mich zu verklagen, weil ich mich in die Verwaltungsangelegenheiten des Regierungsbeamten eingemischt hätte. Aber das war uns laut unserer schriftlichen Erlaubnis verboten. Ich habe mich auch darüber gefreut, dass Jesus so persönlich zu Pedrinho gesprochen hatte, wie ich selbst das schon mehrfach erlebt hatte.

Ein wertvoller Rat

Doris und Christian Kahl, unsere Kollegen und Trauzeugen, waren bereit, mit uns im Juli 1968 eine Erkundungsreise in den Nachbarstaat Mato Grosso zu unternehmen. Bei unseren Besuchen erhofften wir, von Missionaren, die im Umgang mit der indigenen Bevölkerung erfahren waren, zu lernen. Wir vier fuhren zunächst nach Dourados. Dort besuchten wir die Missionarin Dona Loyd, die ich von *Peniel* her kannte. Nach dem ausgiebigen Austausch unserer Erfahrungen sagte sie: »Wenn ihr unter den Indios wirklich dauerhaft etwas erreichen und Gemeinde bauen wollt, müsst ihr viele Jahre, ja vielleicht euer ganzes Leben in diese Arbeit investieren.« Als wir ihr sagten, dass wir das als unseren Auftrag von Gott sehen, meinte sie ergänzend: »Dann sucht euch ein Stück Land außerhalb des Reservats, denn auf Dauer werdet ihr nur schwer den Schikanen und Schwierigkeiten der *Chefes* standhalten können. Seht zu, dass ihr eure Missionsstation auf missionseigenem Grund und Boden errichtet. Wir wollten das zuerst auch nicht, sind aber jetzt dankbar, denn von hier kann uns niemand wegschicken.«

Nach dieser Mut machenden Begegnung fuhren wir weiter und besuchten mehrere Missionsstationen bei den Terena, den Bakairi, den Xavantes und den Nambiquara. Die Begegnungen mit den Missionaren waren für uns Neulinge äußerst wertvoll. Besonders den Rat von Dona Loyd, uns nach einem eigenen Stück Land umzusehen, haben wir beherzigt. Jedesmal, wenn wir wieder schikaniert oder angefeindet wurden, beteten wir um so intensiver um ein Stück Land außerhalb des Reservats für eine neue Missionsstation.

Mit Freuden erwarteten wir unser zweites Kind

Ilsedore. Meine Schwangerschaft verlief ohne Komplikationen. Nach der guten Erfahrung mit einer Hausgeburt bei Ka'egso hofften wir, dass es auch diesmal möglich sei. Zu unserer großen

Freude sagte uns Schwester Ilse Roennpagel, ausgebildete Hebamme, ihre Hilfe zu. Sie war schon eine Woche vor dem erwarteten Geburtstermin zu uns gekommen, um die Krankenpflege zu übernehmen. Außerdem hatte ein junges Mädchen von der Deutschen Gemeinde in Curitiba sich bereit erklärt, uns für einige Wochen im Haushalt zu helfen. Im April wurde es schon recht kühl und die ersten Grippepatienten kamen. So waren durchschnittlich täglich 25 bis 30 Kranke zu behandeln. Außerdem waren mehrere Babys von Krätze befallen. Der Arzt meinte, ich müsse sie dreimal täglich baden. Doch das konnten wir nicht schaffen. So einigten wir uns auf einmal am Tag, das war besser als gar nicht.

Am 16. April war wieder Waschtag am Bach, wo auch die Kaingang ihre Wäsche wuschen. Nachdem wir am Nachmittag auch noch die Kranken versorgt hatten, meinte ich: »Ich bin sehr müde. Ich gehe jetzt zu Bett.« Ich dachte so für mich, dass es für das Baby wohl bald so weit sein könnte. Ich betete oft dafür, dass die Geburt in der Nacht geschehen möge und nicht am Tag, wenn das Haus voller Patienten und Kinder war. Gott ist so treu. Um Mitternacht hatte ich einen Blasensprung, bei dem ich auch viel Blut verlor. Nur Wehen hatte ich keine. Das war nicht gut, daher weckte Walter Schwester Ilse. Sie erkannte sofort die Situation und gab mir die Medizin, die Walter vorher besorgt hatte. Es war die erste Frostnacht in diesem Winter. Da es im Haus außer dem offenen Feuer im Wohnzimmer sonst keine Heizung gab, waren Walter und Schwester Ilse in dicke Jacken eingemummelt. Ich fror nicht. Schwester Ilse trug einen Mundschutz, da sie etwas erkältet war. Die beiden berieten miteinander, ob es besser sei, vorsorglich ins Krankenhaus zu fahren, falls ein Kaiserschnitt nötig sein sollte. Wir beteten gemeinsam und baten Gott um Hilfe. Kurz danach setzten die Wehen ein. Gott zeigte sich auch als ein guter Geburtshelfer!

Am 17. April 1969 gegen 7 Uhr morgens erfreute uns Ester mit ihrem Schrei, den sie aber gleich selbst unterbrach, indem sie sich zwei Fingerchen in den Mund steckte. Wir beide hatten die Geburt mit Gottes Hilfe gut überstanden. Ka'egso war begeistert von seinem Schwesterchen und Ester lag friedlich im warmen Körbchen. Ich wollte mich nun auch ausruhen. Kurz darauf hörte ich ein Geräusch. Ich drehte mich um und sah nur noch den Rücken einer Kaingangfrau, die sich schnell aus dem Schlafzimmer schlich. Als Schwester Ilse aufgeregt zu mir kam und das leere Körbchen erblickte, beruhigte ich sie. »Ist nicht schlimm. Nehmen Sie nur eine Decke mit.« Draußen sah sie, wie mehrere Kaingangfrauen Ester von einem Arm zum anderen weiterreichten. Alle wollten die Kleine begutachten, die schon bei der Geburt schwarze Haare hatte, wie auch die Babys der Kaingang. Sie freuten sich mit uns. Gegen Mittag brachte unsere Nachbarin ein halbes am Stock gebratenes Hühnchen. Das gefiel Ka'egso besonders gut und wir teilten uns das Essen. Einige Frauen kamen zu mir und betasteten meine Brust, um zu fühlen, ob ich auch genügend Milch hatte. Es war ein reges Kommen und Gehen.

Die meisten Frauen bedauerten mich, dass ich nun am 19. April, am großen Tag des Indios, kein Rindfleisch essen konnte. In ihrer Kultur darf man nämlich nach der Geburt vierzig Tage lang nur Hühnerfleisch essen. Der 19. April war damals ein sehr wichtiger Tag, auf den man sich schon lange freute. Ein guter Ehemann kaufte vier Meter Stoff, damit sich seine Frau ein neues Kleid nähen konnte und er wenigstens ein neues Hemd bekam.

Durch die Hausgeburt waren wir den Kaingang ein erfreuliches Stück nähergekommen. Ester, nach brasilianischer Schreibweise ohne h geschrieben, bekam von uns diesen Namen in dankbarer Erinnerung an Walters geistliche Mutter, Diakonisse Esther Wortmann. Natalia, die Frau von Pedrinho, gab Ester den Namen Vénsóg, das bedeutet Eigelb. Dafür wünschte sie sich ein Stück Seife. Nicht das Kind bekam ein Geschenk, sondern der, der ihm den Namen gab.

Auch Ester wurde seit ihrer Geburt von den Kaingang nur Vénsóg genannt. So konnte unsere Tochter beim Einwohnermeldeamt in der nächsten Kreisstadt auch gleich mit ihrem kompletten Namen, Ester Vénsóg Hery, registriert werden. Unsere Nachbarin fragte mich einige Tage später: »Kommt dich denn deine Mutter nicht besuchen?« – »Oh nein«, sagte ich, »meine Mutter wohnt auf der anderen Seite des großen Wassers, das kein Ende hat. Sie kann mich nicht besuchen.« Da fing die Frau fast an zu weinen und sagte: »Da hast du aber eine armselige Geburt gehabt, ohne deine Mutter.« Da ahnten wir noch nicht, dass diese Bemerkung der Nachbarin für Walter noch einmal sehr wichtig sein würde.

GOTTESDIENST-BESUCHER WERDEN HÖRER

Walter. Dank der Geduld und Ausdauer unserer Kaingang-Lehrer waren wir in unserem Sprachstudium nach fast zwei Jahren so weit, dass wir uns gut verständigen konnten. Jetzt begannen wir mit schlichten Gottesdiensten in unserem Haus und kurzen Predigten in Kaingang. Wie viel von der Botschaft unsere Zuhörer allerdings verstanden, weiß nur Gott. Denn ein ausreichender Kaingang-Wortschatz und die korrekte Anwendung der Grammatik genügt längst nicht, um die Botschaft Gottes verständlich zu vermitteln. Wir mussten auch in das Denken der Kaingang eintauchen, das in vieler Hinsicht völlig anders ist als unseres. Uns ihre Gedankenwelt zu erschließen, war schwerer als die Worte richtig auszusprechen. Wir mussten nicht nur lernen, wie ein Kaingang zu sprechen, sondern auch, wie einer zu denken. Aber wir wollten uns dieser Herausforderung stellen. Das war ja schließlich unser Auftrag von Gott.

In der ersten Zeit versammelten wir uns in unserem »Indio«-Zimmer. Erst später wurde neben dem Ambulanz-Gebäude ein größerer Schulraum gebaut. Darin fanden dann die Gottesdienste statt, zu denen immer mehr *Zuhörer* kamen. Nun konnten sie nämlich auch verstehen, was sie akustisch hörten. Als wir am Anfang die ersten Gottesdienste auf Portugiesisch gehalten hatten, konnten wir eigentlich nur von Gottesdienst-*Besuchern* sprechen, da Portugiesisch für sie eine Fremdsprache war und sie nur sehr wenig verstanden.

Eine armselige Geburt

Als wir zu den Kaingang kamen, dachte ich, man lernt eine Sprache, um sich möglichst schnell in dieser Sprache ausdrücken zu können. Doch dann erkannte ich, dass man sich eine fremde Sprache in erster Linie deswegen aneignen sollte, um die Menschen wirklich zu verstehen. Und erst dann versucht man, ihnen etwas zu vermitteln.

An meine erste Weihnachtspredigt 1968 kann ich mich noch sehr gut erinnern. Es war unvergesslich. Wie freute ich mich, dass etwa ein Dutzend Kaingang in unser Haus gekommen waren und ich nun die Weihnachtsbotschaft von der Liebe Gottes zu allen Menschen in ihrer Sprache ausdrücken konnte. Neben mir saß Ilsedore mit unserem Sohn Ka'egso, der noch kein Jahr alt war. Ich schilderte, wie ich es von klein auf gehört hatte, dass Jesus im Stall von Bethlehem, umgeben von Tieren, geboren wurde. Ich wunderte mich jedoch, dass auf den Gesichtern meiner Zuhörer keinerlei Mitgefühl oder Mitleid zu erkennen war, so wie ich das von deutschen Zuhörern gewohnt war. Ich hatte den Kaingang doch die armseligen Umstände der Geburt Jesu anschaulich und ausführlich geschildert.

Als ich meine zweite Weihnachtspredigt hielt, war ein Jahr vergangen und unsere Tochter Ester war geboren. Dieses Mal machte ich es anders. Die zentrale biblische Botschaft von der Geburt unseres Heilandes, Jesus Christus, blieb unverändert. Und doch hatte meine Predigt eine ganz andere Wirkung auf die Gottesdienstbesucher. Es war diesmal eine kontextualisierte bzw. transkulturelle Verkündigung. Und das verdankte ich unserer Nachbarin. Sie hatte mich nach der Geburt von Ester gelehrt, was in ihren Augen Armut ist, nämlich ohne den Beistand der Mutter ein Kind zur Welt zu bringen. Bei den Kaingang, die sehr jung heiraten, ist in der Regel die Mutter die Hebamme, insbesondere bei der ersten Geburt. Ich blickte bei meiner Predigt nicht mehr mit deutschen Augen auf die Armseligkeit der Umstände im Stall, sondern konnte schildern, dass Maria ihre erste Geburt allein, ohne den Beistand ihrer Mutter, durchstehen musste. Und sie wurde danach auch nicht von ihrer Mutter besucht. Zumindest steht darüber nichts in der Bibel. Das machte für das Verständnis der Kaingang eine wirklich armselige Geburt aus. Mit dieser Botschaft erreichte Gott durch meine Predigt die Herzen der Kaingang.

Göttliche Ermutigung

Ermutigung braucht man nicht, wenn alles rundläuft, sondern dann, wenn man sich in einem Loch befindet. Unsere »Löcher« entstanden nicht nur durch die Anfeindungen und die Gefahren von außen, sondern auch durch Zweifel von innen. So hatten wir zwar schon einige wenige Hörer in den Gottesdiensten, aber eine Bekehrung hatten wir noch nicht erlebt. Und das bekümmerte uns.

In dieser Situation bekamen wir gut gemeinte Briefe von Christen, die wie Wasser auf die Mühlen unserer Mutlosigkeit waren. In einem solchen Brief schrieb uns ein Freund den Bibelvers: *Wenn euch jemand* nicht *aufnehmen und eure Rede* nicht *hören wird, so geht heraus aus diesem Hause oder dieser Stadt und schüttelt den Staub von euren Füßen.* (Matthäus 10,14) Dieser Gedanke war uns nicht fremd. Aber er stellte für unsere Situation damals eine reale Gefahr dar. Darum beteten wir immer wieder zu unserem himmlischen Auftraggeber und baten ihn um Weisheit. Und Jesus hatte für uns eine ganz andere Lösung.

Eine von vielen göttlichen Ermutigungen, die uns vor allem durch sein Wort, aber auch durch Liedverse und Menschen zugesprochen wurden, war in dieser Situation von entscheidender Bedeutung. Wir erlebten viele Gefahren, kämpften mit Schwierigkeiten, wurden angefeindet und sogar unser Leben wurde ernstlich bedroht. Dadurch waren wir nicht nur entmutigt, sondern waren einer existenziellen Angst ausgeliefert. An einem solchen Tiefpunkt sprach Gott zu uns durch die Geschichte von Paulus, der auch in Angst gelebt haben muss, sonst hätte Gott ihm nicht in einer Nacht das Wort zugerufen: *Fürchte dich nicht, sondern rede und schweige nicht! Denn ich bin mit dir und niemand soll sich unterstehen, dir zu schaden; denn ich habe ein großes Volk in dieser Stadt.* Diesen Vers aus Apostelgeschichte 18,9-10 hatte ich in meiner Stillen Zeit am 13. November 1969 gelesen.

Damit es »Nacht« um uns herum ist, muss es draußen nicht unbedingt dunkel sein. Es kann auch »Nacht« sein, wenn die Sonne hoch am Himmel steht. Diese »Nacht« kann sogar mehrere Tage oder Wochen andauern, wenn man den Weg nicht mehr erkennt, auf dem man unterwegs ist. Wenn Ungewissheit und Zweifel uns plagen und überwältigen wollen, dann drückt die Angst uns nieder und wir werden mutlos.

Die Aufforderung *Rede und schweige nicht* war für Paulus ebenso notwendig wie für mich. Denn dass wir bei ihnen im Dorf am Sarsé wohnten, das hatten die Kaingang akzeptiert. Dass wir ihre Sprache gelernt hatten, darüber wunderten und freuten sie sich. Dass wir ihre Kranken behandelten, davon profitierten bald auch die Schamanen. Aber dass wir ihnen Gottes Wort in ihrer Sprache verkündigten, das wollte der Teufel, der Gegenspieler Gottes, verhindern. Darum waren die Worte *denn ich habe ein großes Volk in dieser Stadt* für uns so besonders ermutigend. Denn sie unterstrichen unseren Missionsauftrag. Für uns waren die Kaingang ein großes Volk, das allerding in mehr als zwanzig Reservaten in Südbrasilien zerstreut lebte.

Da wir in den ersten Jahren neben der Verkündigung auch gleichzeitig mehrere diakonische Tätigkeiten begonnen hatten, bekamen wir von Kollegen auch zu hören, wir seien vom eigentlichen Missionsauftrag abgewichen. Wie gut, dass Gott uns immer wieder durch sein Wort ermutigte, sonst hätten wir sicherlich die Erntefreude nicht erlebt. Die Zusage Gottes *niemand soll sich unterstehen, dir zu schaden* veränderte zwar an den bedrohlichen Umständen, in denen wir auch weiterhin lebten, nichts, aber die schreckliche Macht der Angst war gebrochen. Gott sei Lob und Dank!

LANGSAM WURDE UNSER LIEBESTANK LEER

Nicht lange, nachdem unsere Angst vor den äußeren Bedrohungen durch Gottes Verheißungen ihre zerstörerische Kraft verloren hatte, spürten wir eine neue Gefahr. Diese war noch schlimmer, denn sie kam von innen. Und das hatte mit der Sprache der Kaingang zu tun. Beim Erlernen dieser Sprache musste ich oft daran denken, wie lange Gojtéj manchmal geforscht hatte, um bestimmte Ausdrücke für die Übersetzung zu finden. Sie erzählte uns, dass sie lange mit Pedrinho überlegt hatte, welches Wort sie für »Sünde« nehmen sollen, damit die Kaingang die Botschaft Gottes auch verstanden. Für die Kaingang war es etwas sehr Schlimmes, wenn jemand das Wort des Häuptlings brach. Das wurde immer bestraft. So kam es dazu, dass »Sünde« in der Sprache der Kaingang wörtlich »Gottes Wort brechen« bedeutet. Was uns wirklich zu schaffen machte, war, dass es in der Sprache der Kaingang keine Worte für abstrakte Bezeichnungen wie Empfindungen und Gefühle gab. Auch das Wort »Danke« gab es nicht. Das lag daran, dass ihnen das Gefühl von Dankbarkeit fremd war. Und damit umzugehen, fiel uns schwer. Denn Tag und Nacht waren wir in Bereitschaft, behandelten sehr viele Kranke und pflegten sie. Wir opferten uns auf und verschenkten unsere Liebe, aber es floss nichts in unseren immer leerer werdenden Liebestank zurück. Was in den ersten beiden Jahren unsere mitgebrachte Liebe zu den Kaingang aufbrauchte, war aber nicht nur die fehlende Dankbarkeit, sondern auch das Gefühl, ausgenutzt zu werden.

Einmal kam ein Junge zu uns und bat uns, zu seiner schwerkranken Oma zu kommen und sie zu verarzten, weil sie nicht zur Behandlung zu uns kommen könne. Ilsedore ließ sich die Krankheit beschreiben, packte Medikamente zusammen und nahm unseren kleinen Ka'egso mit dem Tragetuch auf den Rücken. So gingen wir im Gänsemarsch auf einem schmalen Pfad mehrere Kilometer zur kranken Oma. Der Junge ging vorweg und zeigte uns den Weg. Ab und zu führte dieser über einen Baumstamm, der am Ufer des Baches gefällt worden war. Als wir etwas müde bei der Hütte der Oma ankamen, lachten uns alle aus und sagten, sie wollten nur mal sehen, ob wir wirklich kommen würden, wenn jemand krank sei.

Ein anderes Mal suchte ein *Chefe* nach Gründen, um uns Missionare bei der *FUNAI* in Brasília anzeigen zu können. Er freute sich sichtlich über eine Kaingang, die behauptete, wir würden ihren kranken Jungen nicht behandeln, weil sie nicht zu unseren Gottesdiensten komme. Anschließend kam dieselbe Frau mit ihrem Kind wieder zur Behandlung zu uns, wie schon an den Tagen zuvor. Wir wussten nichts von dieser Verleumdung, bis eine andere Frau uns sagte, sie habe es selbst gehört, wie diese falsche Anschuldigung beim *Chefe* vorgebracht worden sei und er sehr verärgert reagiert habe und dies nach Brasília melden werde. Für die Regierung wäre das ein berechtigter Grund, uns als Missionare auszuweisen. Solange wir nichts von der Verleumdung wussten, behandelten wir den Jungen dieser Frau natürlich. Aber als wir davon erfuhren, fiel uns das schon schwerer. Wir spürten, wie unsere Liebe zu den Kaingang langsam weniger wurde, während sich bei uns die Entmutigung breitmachte und wir angefochten wurden. Aber den Dienst ohne Liebe zu tun, das verstärkte noch das Gefühl des Ausgenutztwerdens. Wir bekannten unserem Herrn Jesus, dass es uns zunehmend schwerfiel, diese Menschen zu lieben. In dieser ausweglosen Situation lasen wir das Wort von der Liebe Gottes, die in unsere Herzen ausgegossen war: *Hoffnung aber lässt nicht zuschanden werden; denn die Liebe Gottes ist ausgegossen in unsre Herzen durch den Heiligen Geist, der uns gegeben ist.* (Römer 5,5)

Wir baten Gott inständig um diese Liebe, die Agape, mit der er uns Menschen liebte und versöhnte, als wir noch seine Feinde waren. Und wir durften erleben, wie Gott uns derart mit seiner göttlichen Liebe erfüllte, dass wir den Missionsdienst unter den Kaingang nicht aufgeben mussten. Nur durch dieses Wunder konnten wir bleiben und später die Erntefreude erleben.

»Ein Land, das ich dir zeigen will« – Außerhalb des Reservats

Wir lebten nun schon fast vier Jahre am Sarsé. Inzwischen hatten wir immer mehr Freunde unter den Kaingang gewonnen. Doch wir lebten weiterhin auch unter feindlich gesinnten Indios und vor allen Dingen unter Regierungsbeamten, die uns am liebsten losgeworden wären. So suchten wir ernsthaft nach einem nahe gelegenen Grundstück. Das war jedoch nicht so einfach, weil es angrenzend an das Land der indigenen Volksgruppe nur *Fazendas* (große Ländereien) gab. Wir brauchten aber für unsere Missionsstation nur *ein* geeignetes Grundstück. Den Weg dafür bereitete Gott selbst, aber wir konnten nicht ahnen, dass sich der Kauf dieses Grundstücks außerhalb des Reservats über sechs Jahre hinziehen würde.

Der vergessene Scheck

Als ich im Februar 1970 mit unserem Jeep in die Kreisstadt Laranjeiras do Sul fuhr, stand unser brasilianischer Nachbar João an der Bundesstraße und wartete auf den Omnibus. Ich hielt an und ließ João einsteigen. Er sagte mir, dass er nach Curitiba fahre, um dem Bischof zu melden, dass der Verkauf des Landes, das der Methodistenkirche gehörte, geplatzt sei. Im Gespräch erfuhr ich, dass die Methodisten im Jahre 1955 ein großes Stück Land von 175 ha erworben hatten, das an das Reservat angrenzte. Hier wollten sie eine Missionsstation aufbauen. Doch der Missionar blieb nicht lange und es fand sich auch kein Nachfolger. Einen Teil des Landes wollte die Kirche João und seiner Familie schenken, die seit vielen Jahren darauf lebten und es bewirtschafteten. Der Rest sollte schon längst veräußert worden sein, aber es dauerte Jahre, bis sich endlich ein Käufer gefunden hatte. Der hatte bereits eine gewisse Summe angezahlt. Nun war dieser Kauf aber geplatzt. Ich drehte sofort um und fuhr zurück nach Hause. Dem erstaunten João erklärte ich, dass ich mit ihm nach Curitiba fahren würde, weil wir schon seit Jahren auf der Suche nach einem

Stück Land waren, um unsere Missionsstation außerhalb des Reservats aufzubauen.

Unser Feldleiter in Curitiba war über die Nachricht zunächst sehr erfreut. Am andern Tag gingen wir zum Bischof. Der hatte natürlich schon von João gehört, dass der erhoffte Verkauf nun doch nicht verwirklicht werden würde. Umso hoffnungsvoller erwartete er nun unseren Besuch. Dass die ganze Angelegenheit von Gott wunderbar vorbereitet war, erfuhren wir erst später. Der Bischof bot uns 75 Hektar Land an, die restlichen 100 Hektar sollte die Familie von João bekommen. Für unseren Missionsleiter waren aber 75 Hektar zu viel Land. Er wolle ja keine Farm, sondern nur ein Baugrundstück, um darauf eine Missionsstation zu errichten. Außerdem war der Preis von umgerechnet 10.000 DM für ihn nicht bezahlbar. Doch der Bischof war nicht bereit, weniger Land zu verkaufen. Entweder alles oder nichts. So gingen wir unverrichteter Dinge wieder auseinander. Ich fuhr betend die 400 Kilometer zurück und dachte, dass bei Gott kein Ding unmöglich ist.

Gojtéj und andere Freunde beteten mit uns und überlegten, wie wir diesen hohen Betrag aufbringen könnten. In dieser Zeit intensiver Gebete geschah ein weiteres Wunder, wie es in Jesaja 65,24 beschrieben ist: *Noch ehe sie zu mir um Hilfe rufen, habe ich ihnen schon geholfen. Bevor sie ihre Bitte ausgesprochen haben, habe ich sie schon erfüllt.* (Gute Nachricht Bibel)

Nach dem Besuch unseres Missionsdirektors Pfarrer Pagel im Jahr 1967 am Rio das Cobras berichtete er in Deutschland von der neuen Missionsarbeit unter den Kaingang, die dort von uns begonnen worden war. Eines Tages erschien ein Missionsfreund, dem Gott die unerreichten Völker aufs Herz gelegt hatte, im Brüderhaus Tabor und wollte den Direktor sprechen. Dieser Herr erkundigte sich nach der neuen Arbeit von Ehepaar Hery und wollte Genaueres über diese Pionierarbeit wissen. Dann nahm er seine Brieftasche aus der Jacke, entnahm einen Scheck von 10.000 DM und übergab diesen Herrn Direktor Wehrheim mit den Worten: »Dieses Geld darf nur für die Pionierarbeit unter den Kaingang verwendet werden.« Sichtlich überrascht versuchte der Direktor, dem edlen Spender zu erklären, dass die Marburger Brasilienmission keine zweckgebundenen Spenden annimmt. Die Missionsleitung wisse selbst am besten, wo die Spendengelder am nötigsten gebraucht würden. Daraufhin nahm der Herr den Scheck, der auf dem Tisch lag, wieder an sich, steckte ihn in seine Brieftasche und verabschiedete sich mit den Worten: »Wenn Ihre Mission keine zweckgebundenen Spenden annehmen kann, fahre ich morgen nach Bad Liebenzell. Dort sieht man das anders.« Diese Worte waren ein Schock für den Direktor. Der Herr mit dem Scheck war schon an der Tür, als er gebeten wurde, doch noch einmal Platz zu nehmen. Der Direktor meinte, man könne sicher einmal eine Ausnahme machen, wenn ihm dieses Projekt so wichtig sei. So kam dieser Scheck nach Brasilien, wurde im Tresor der Bundesbank eingeschlossen und – vergessen.

Als Missionar Kelm von diesem Landangebot hörte, fragte er unseren Feldleiter Missionar Grischy: »Was hast du denn eigentlich mit dem Scheck gemacht, den du vor fast einem Jahr für die Pioniermission der Herys bekommen hast?« Von diesem Scheck wusste nur der Feldleiter und Missionar Kelm. Zögernd gab Grischy die Antwort: »Der liegt im Tresor der Bundesbank.«

Nun wurde der Scheck in die Landeswährung umgetauscht und ergab haargenau den Betrag, der zum Kauf der 75 Hektar Land erforderlich war! Damit konnte der eine Teil des Landes gekauft werden. Doch mit diesem Landkauf war das Wunder noch nicht abgeschlossen. Es sollten noch weitere folgen, von denen wir noch nichts ahnten.

Die Geburt unserer Tochter Lidia

Ilsedore. Auch bei der Geburt unseres dritten Kindes haben wir Gottes gute Hand erlebt. Eigentlich sollte es erst Ende September/Anfang Oktober 1970 zur Welt kommen, doch schon am 25. August bekam ich frühzeitig Wehen. Zu der Zeit hatten wir noch einen Handwerker im Haus und auch keine Hilfe für die Krankenbehandlungen und den Haushalt. Da kam völlig unvermittelt

Schwester Maria Soeder zu Besuch, es war genau zum richtigen Zeitpunkt. Sie sorgte für unsere beiden Kinder, während Walter und ich mit der Ambulanz ins Krankenhaus fuhren. Dort war schon alles für den Kaiserschnitt vorbereitet. Dem Herrn sei Dank, dass Lidia und ich am Leben blieben. Lidia wog nur 2 kg und wir bangten in den ersten Monaten mehrmals um ihr Leben. Nach diesen drei komplizierten Geburten rieten mir meine Frauenärztin und Dr. Felipe dazu, meinen Wunsch, sechs Kinder zu bekommen, lieber aufzugeben.

DAS UNGENIESSBARE WEISSE PULVER

Gerne fuhren die Kaingang mit uns in die Kreisstadt zum Einkaufen. Sie hatten gemerkt, dass sie in unserer Begleitung besser behandelt wurden und auch mit weniger Geld mehr Lebensmittel kaufen konnten. Nicht selten geschah es, dass ich den Verkäufer bat, die Rechnungssumme noch einmal zu überprüfen. Das Beste aber war, wenn es beim Bäcker frische Brötchen gab. Das geschah nur einmal in der Woche. Sie waren ein Hochgenuss. Welche Zutaten dazu benötigt wurden, wussten die Kaingang nicht.

Eines Tages kam aus den USA eine Sendung mit vielen Säcken Weizenmehl. Es war eine Schenkung der amerikanischen Diakonie. Das sollte aber nicht bekannt werden. Die Kaingang wurden angewiesen, sich von diesem »weißen Pulver« zu holen. Freudig gingen sie zum *Posto,* dem Gebäude der Reservatsverwaltung, und füllten ihre mitgebrachten Behälter. Noch auf dem Heimweg probierten einige das unbekannte Produkt. Sofort spuckten sie es aus und verstreuten es auf dem Weg. Andere gaben es erst den Hunden zum Probieren, aber die wollten es auch nicht. Also kamen sie zu der Erkenntnis: Dieses Geschenk brauchen wir nicht.

Als wir davon hörten, wussten wir, dass wir handeln mussten. Ich hatte schon seit unserem Hochzeitsurlaub unser Brot selbst gebacken, allerdings im Gas-Backofen. Nun begann Walter damit, neben unserem Haus einen Ofen zu bauen, der mit Holz geheizt wurde. Anschließend luden wir die Frauen ein, mit einer Schüssel und dem »weißen Pulver« zu uns zu kommen, ich würde ihnen zeigen, wie man damit Brot backen kann, und zeigte ihnen mein Brot. Die Männer müssten allerdings das Brennholz besorgen, um den Ofen anzuheizen. Einige Frauen folgten der Einladung und ich konnte ihnen zeigen, wie man aus Mehl, ein wenig Salz, Hefe, die ich besorgt hatte, und Wasser einen Teig kneten kann. Den fertigen Teig stellten wir zunächst zum Aufgehen in die Sonne. Während der Wartezeit gab es viel zu erzählen. Als der Ofen heiß war, wurde die Glut beseitigt und unsere Brote hineingeschoben. Mit Spannung galt es wieder zu warten, bis das Brot gebacken war. Ich nutzte die Zeit, um ihnen die Schöpfungsgeschichte zu erzählen.

Als die Brote fertig waren, konnte man ein »Ah« und »Oh« hören. Am liebsten hätten sie gleich an Ort und Stelle das noch warme Brot verzehrt. Ich konnte sie nur bitten, etwas zu warten, weil es ihnen nicht bekommen würde und sie vielleicht Bauchschmerzen bekamen. Voller Stolz gingen sie nach Hause. Danach kamen mehrere Frauen wöchentlich zum Brotbacken. Das war der Anfang unserer Frauenstunde.

Einmal erzählte ich ihnen, warum ich mit Fár zu ihnen gekommen war:

> »Meine Eltern waren schon lange ›in Jesus hineingegangen‹. Sie lasen gerne in seinem Wort und sprachen mit Gott. Nun wollten sie, dass auch ihre fünf Kinder »in Jesus hineingingen«. Sie erzählten uns von Jesus, beteten mit uns und sangen Lieder. So wie wir es auch mit unseren Kindern tun. Doch ich wollte das damals nicht. So habe ich immer wieder Gottes Wort gebrochen. Ich begann zu stehlen und war froh, wenn mich niemand dabei sah. Immer wieder musste ich dann lügen, damit ich nicht bestraft wurde. Das geschah immer häufiger. Doch jedes Mal, wenn ich Gottes Wort hörte, wurde ich traurig. Eines Abends sagte ich Jesus all das Böse, das ich getan hatte, und bat ihn, mir zu

vergeben, dass ich sein Wort so oft gebrochen hatte. Ich sagte ihm, dass es für mich sehr gut ist, dass er für mich am Kreuz gestorben ist. Von nun an wollte ich auf sein Wort hören und ihm gut sein.[7] Als ich so mit Jesus gesprochen hatte, wurde mein Kopf ganz leicht und ich war sehr froh. Dann sagte ich zu Jesus: ›Herr Jesus, wenn ich groß bin, möchte ich anderen Kindern von dir erzählen, die noch nie etwas von dir gehört haben, damit auch sie so froh werden, wie ich jetzt bin.‹ Darum bin ich zu euch gekommen.«

Während wir gemeinsam darauf warteten, dass der Hefeteig aufging oder das Brot fertig gebacken war, hatte ich noch oft die Gelegenheiten, den Frauen von der Liebe Jesu zu erzählen.

Im Brotbacken stellte sich mit der Zeit bei den Frauen eine Routine ein und bald brauchten sie meine Hilfe nicht mehr. Sie brachten ihre Brote, heizten den Ofen an und waren selbständig. Später, als es kein geschenktes Mehl mehr gab, kauften sie das Mehl im Geschäft.

»Gebt doch wenigstens meinen Hunden die Knochen«

Walter. Unser erster Deutschlandaufenthalt näherte sich. Am 1. Juni 1971 sollten wir fliegen. Während der vier Jahre, die wir am Sarsé gelebt hatten, waren wir von unseren Nachbarn anfangs kritisch beobachtet worden. Schließlich waren wir für sie Fremde. Aber manche sahen in uns auch Feinde. Da waren z. B. die Schamanen, die nicht wollten, dass wir ihre Patienten behandelten, weil sie dadurch an Macht und Einfluss verloren. Und dann waren da die *Chefes*, denen wir aus verschiedenen Gründen ein Dorn im Auge waren und die uns gern losgeworden wären. Und es gab unter den Indios auch solche, die dem Wort Gottes gegen-

---

[7] Im Kaingang gibt es kein Wort für Liebe. Wenn man einem Menschen sagen will, dass man ihn liebt, drückt man das mit den Worten »Ich bin dir gut« aus.

über ablehnend waren. Gleichzeitig fanden wir aber auch echte Freunde, besonders durch die Behandlung der Kranken. Auch das Erlernen ihrer Sprache verband uns miteinander als Freunde, denn wir brauchten dafür viele Lehrer, große und kleine, Erwachsene und Kinder. Als wir damit begannen, Gottesdienste auf Kaingang zu halten, freuten wir uns, dass am Sonntag immer mehr Teilnehmer kamen. Wir lasen ihnen einfach die bereits übersetzten Teile der Bibel vor und erklärten ihnen die Zusammenhänge. Viele von ihnen waren inzwischen unsere Freunde geworden.

Für diese Freunde planten wir vor unserem Heimataufenthalt ein großes Abschiedsfest. Es sollte am Pfingstsamstag gefeiert werden. Die Kaingang kennen in ihrer Sprache nur die Zahlen von eins bis vier. Wie sollten wir ihnen da verständlich machen, dass wir erst in zwölf Monaten wieder zurückkommen würden? Aber dann fanden wir einen ganz einfachen Weg. Von einer Maisernte zur nächsten vergehen zwölf Monate. Im brasilianischen Herbst, Ende Mai, essen die Kaingang grünen Mais. Daher erklärten wir ihnen: »Wenn es wieder grünen Mais zu essen gibt, dann sind wir zurück.«

Wir gingen von Dorf zu Dorf und luden die Kaingang persönlich zu dem geplanten Fest ein. Die allermeisten freuten sich und sagten, dass sie kommen würden. Am Vortag des Festes übernahm eine uns freundlich gesinnte Familie die Zubereitung des Essens. Zwei fette Schweine wurden geschlachtet und reichlich schwarze Bohnen gekocht. Das geröstete Maismehl hatte ich in der Stadt gekauft. Alles war gut organisiert und vorbereitet. Es sollte ein großes und schönes Fest werden. Wir waren richtig aufgeregt und gespannt, wer alles kommen würde.

Dann war schließlich der große Tag da. Die wenigen Kaingang, die das Essen zubereiten wollten, waren schon früh gekommen und begannen zu arbeiten. Aber sonst war weit und breit kein Gast zu sehen. Nachdenklich ging ich zu meinem Nachbarn Angelino, dem Polizeichef, und fragte ihn, ob er nicht zum Fest kommen wolle. Er war gerade dabei, sich fertig zu machen, um ins Dorf zu reiten. Dort wollte er Salz kaufen. Er wich meiner

Frage aus und hatte es eilig. Enttäuscht und misstrauisch ging ich nach Hause. Da sah ich den Häuptling hoch zu Ross vorbeireiten. Er schaute zufrieden auf die fast leere Missionsstation, grinste mich freundlich an und ritt weiter. Doch schon kurze Zeit später kamen viele Kaingang mit ihren Familien. Sie hatten sich im nahe gelegenen Wald versteckt und nur darauf gewartet, bis der Häuptling und seine Männer vorbeigeritten waren. Unser Gelände füllte sich mit Besuchern und es war eine festliche Atmosphäre. Es wurde viel erzählt und gelacht. Hierbei erfuhren wir, dass der Häuptling nach uns durch alle Dörfer geritten war und angedroht hatte, dass jeder, der zum Fest kommt, eingesperrt würde. Angesichts der mehr als 200 Kaingang, die trotzdem gekommen waren, machten sie Witze darüber, dass in dem Gefängnis gar kein Platz für sie alle sein würde.

Als die schwarzen Bohnen mit dem gerösteten Maismehl und die Schweine aufgegessen waren, hielt ich meine Abschiedsrede. Ich war noch nicht ganz fertig, da geschah etwas Sonderbares. Unsere Gäste bemerkten plötzlich, dass ein Reh direkt zur Missionsstation gesprungen kam. Einige Männer rannten dem Reh entgegen und konnten es mit bloßen Händen ergreifen. Kurze Zeit später lagen die Teile des zerlegten Rehs über der noch vorhandenen Glut. »Das ist die Nachspeise zum Festessen«, spotteten einige. »Der Häuptling selbst wollte nicht zum Fest kommen, aber seine Beute kam«, meinten andere ganz mutig. Doch die Freude war nicht von langer Dauer. Der Häuptling und seine Jäger kamen mit ihren Hunden, die das Reh verfolgt hatten. Als der Häuptling die Menge der Festgäste erblickte, war er sichtlich erstaunt. Damit hatte er nicht gerechnet. Er sah das Feuer und ahnte, wo sein Reh geblieben war. Verärgert sagte er nur: »Dann gebt doch wenigstens meinen Hunden die Knochen.«

Nach dem Fest hatten wir viel Grund zum Danken. Gott hatte uns seine Zusage an diesem Tag erfahren lassen. Wir hatten erlebt, dass sehr viele zum Fest gekommen waren, sogar viele Männer. Und was uns am meisten freute: Polizisten und der jüngere Bruder des Häuptlings mit seiner Frau waren gekommen. Auch der ältere Bruder des Häuptlings, der bei einer früheren Gelegenheit sehr schlimm gegen uns gewettert hatte, war mit seiner Familie dem Fest nicht ferngeblieben. Selbst der Polizeichef, unser Nachbar, tauchte etwas später mit seiner Familie auf. Insgesamt waren 15 Kaingang-Polizisten und über 200 Indios unserer Einladung gefolgt. Das Wetter war gut, der Gottesdienst hatte aufmerksame Zuhörer und viele blieben bis zum Abend, um auch den Film zu sehen, den wir dann zeigten.

Das Missionsehepaar Dorothea und Martin Kahl war bereits einige Monate vorher zur Verstärkung für die Arbeit unter den Kaingang an den Rio das Cobras gekommen. Sie sollten uns während unseres Deutschlandaufenthalts vertreten und hatten sich schon gut eingelebt. Dorothea war Lehrerin und sollte mit dem Schulunterricht für die Kinder beginnen, übernahm aber zunächst vertretungsweise die umfangreiche Krankenbehandlung. Am Tag unserer Abreise kamen viele und wollten dabei sein, wenn wir uns verabschiedeten. Manche blieben den ganzen Tag, weil wir erst abends wegfuhren.

Nachdem wir abgereist waren, soll der Häuptling fünf Feuerwerksraketen, eine für jeden von uns, abgefeuert und seinen Leuten versprochen haben, dass die *Fár-fag* (Fár und seine ganze Familie) nicht mehr zurückkommen würden. Doch da sollte er sich getäuscht haben.

DER ERSTE »HEIMATURLAUB« 1971/72

Ilsedore. Als Verlobte waren wir nach Brasilien ausgesandt worden. Nach sechs Jahren durften wir als Familie mit drei kleinen Kindern Anfang Juni 1971 zum ersten sogenannten »Heimaturlaub« nach Deutschland fliegen. Mit dem Schiff wäre die Reise mit unserer kranken Lidia zu riskant gewesen.

Damals musste jeder, der von Brasilien aus ins Ausland reiste, gegen Pocken geimpft sein. Da Lidia einen hartnäckigen Keuchhusten hatte, konnte sie erst wenige Tage vor dem Flug geimpft werden. Als ich die Kleine vor dem Flug noch einmal umzog, bemerkte ich am ganzen Körper rote Flecken. Nur das Gesicht war nicht befallen. In Deutschland angekommen gingen wir am nächsten Tag gleich zum Arzt. Lidia wurde sofort auf einer Isolierstation aufgenommen und abgeriegelt. Wir Eltern durften unser Kind nicht besuchen. Nur durch eine Glasscheibe konnten wir uns sehen. Das war für uns alle sehr, sehr schlimm. Wir mussten mit ansehen, wie Lidia in ihrem Bettchen lag und weinte, weil sie den Schnuller verloren hatte. Damit sie sich nicht kratzen konnte, hatte man ihr die Ärmchen am Gitterbett festgebundenen. Erst nach drei Wochen durften wir unser Kind wieder nach Hause holen.

Walter. Außer vielen Missionsvorträgen und Predigten, die wir hielten, konnten wir auch wertvolle und hilfreiche Fortbildungskurse besuchen. In Wildberg hatte Prof. Dr. Georg Peters diese Kurse für Missionare und Kandidaten begonnen. Er war der Gründer der heutigen Akademie für Weltmission in Korntal.

In unserem Gepäck für den Deutschlandaufenthalt hatten wir die Pläne für den Bau der neuen Missionsstation am Rio das Cobras auf missionseigenem Grund und Boden. Geplant waren eine Krankenstation mit Ambulanz und fünf Hütten für die Kranken mit ihren Familien. Diese Art der Behandlung hatte sich auf der Missionsstation im Reservat am Sarsé sehr gut bewährt und wurde von den Kaingang angenommen. Darüber hinaus waren für die neue Missionsstation ein Wohnhaus für einen Krankenpfleger mit Familie, ein Wohnhaus für unsere Familie, eine kleine Kapelle, ein Haus für den Landwirt, ein Kuhstall, eine Scheune und ein Geräteschuppen geplant. Für all diese Gebäude betrug der Kostenvoranschlag rund 100.000 DM. Diese Summe war unser Glaubensziel für unseren Reisedienst während unseres Deutschlandaufenthalts. Nach jedem Vortrag und anderen Diensten rechnete ich bei Schwester Ingeborg Spiller die erhaltenen Kollekten und Spenden ab. Sie war damals die Leiterin der Brasilienmission, also meine Chefin, und wusste um unser Glaubensziel. Sicherlich meinte sie es nur gut mit mir, als sie mir einmal sagte: »Bruder Hery, machen Sie sich keine falschen Hoffnungen. Noch nie hat ein Missionar in einem Jahr 100.000 DM an Spenden bekommen.«

Unser Heimataufenthalt näherte sich bereits dem Ende, als Schwester Ingeborg mir mitteilte, dass wir erst knapp die Hälfte unseres Glaubensziels erreicht hätten. Doch die Endabrechnung kurz vor unserer zweiten Ausreise ergab folgende Zahlen: Wir hatten 231 Dienste (Vorträge, Andachten Predigten, Bibelarbeiten, Zeugnisse, Berichte) wahrgenommen. Nur 59 Nächte hatte ich in Marburg übernachtet, wo meine Familie wohnte. Mit dem Auto war ich 35.000 Kilometer gefahren, mit der Bahn 8.000. Und an Spenden hatten wir 120.000 DM gesammelt! Das waren sogar 20.000 DM mehr als für den Bau der Missionsstation veranschlagt war. Gott hatte mit diesem »Überschuss« schon einen sehr guten Plan. Das wussten wir nur noch nicht.

Bei den Missionskonferenzen und in unseren vielen Missionsvorträgen konnten wir den Gemeinden in Deutschland leider noch nicht von der erwarteten Frucht berichten. Wir konnten aber von Wundern, von Bewahrung und von Mut machenden Verheißungen erzählen, die Gott uns gegeben hatte. Der rote Faden, der sich durch all unsere Berichte zog, lautete: »Wir leben noch – und wir gehen wieder zurück zu den Kaingang an den Rio das Cobras.«

Eine besondere Ermutigung für diesen Entschluss war eine Karte, die ich von Pfarrer Scholz zu meinem 32. Geburtstag bekam. Darauf stand die Verheißung: *Ich habe dir eine Tür geöffnet, die niemand zuschließen kann.* (Offenbarung 3,8)

Bei ihrer Verabschiedung berichtete Ilsedore den Versammelten: »Eines der schönsten und wichtigsten Erlebnisse in Deutschland war für mich die Antwort Jesu auf meine Bitte, er möge meinen Auftrag neu bestätigen. Ich wollte nicht hinausgehen, weil das so üblich ist, sechs Jahre Brasilien, ein Jahr Deutschland, sechs Jahre Brasilien usw. In den letzten Jahren habe ich erlebt, dass mir diese Gewissheit Halt gegeben hat, wenn ich Jesus sagen konnte: ›Ich stehe an diesem Platz, weil du mich hierhergestellt hast. Nicht aus Abenteuerlust bin ich hierhergekommen.‹

Als wir im Missionarskurs in Wildberg waren, hielt Dekan Tlach für uns 98 Missionare eine Bibelarbeit über das Gleichnis der anvertrauten Pfunde. In seinen Ausführungen sagte er zum Schluss: ›Der Herr Jesus hat uns alles gegeben, was er hatte. Er hat nichts für sich zurückbehalten. Und jetzt gehe hin und gewinne.‹ Dieses Wort hat mich getroffen: *Gehe hin und gewinne.*

Bei der zweiten Ausreise ist alles anders als beim ersten Mal. Man weiß, wohin man geht. Man kennt die Umgebung, die Menschen und die Schwierigkeiten. Aber der neue Auftrag für mein zweites Hinausgehen heißt: Gewinnen! Darum bitte ich Sie, beten Sie mit, dass wir das Volk der Kaingang für den Herrn Jesus gewinnen.«

DIE GROSSE ÜBERRASCHUNG AM LANDUNGSSTEG

Während unseres ersten Deutschlandaufenthalts erbaten wir nicht nur Geld für den Bau der Krankenstation. Genauso wichtig war für uns, dass Gott dieses Bauvorhaben bestätigte. Als Zeichen dafür erbaten wir einen Missionar, der als Krankenpfleger ausgebildet war. Das war notwendig, um einen Vertrag mit der *FUNAI* schließen zu können. In den ersten Jahren hatten wir zwar nominell eine schriftliche Erlaubnis, kranke Kaingang zu behandeln. Aber um die geplante Krankenstation eröffnen und führen zu dürfen, brauchten wir eine offizielle Genehmigung und die schloss einen ausgebildeten Krankenpfleger mit ein.

Schon vor unserem Deutschlandaufenthalt hatte Gott uns durch sein Wort zugesagt, dass wir nicht ohne Krankenpfleger zum Rio das Cobras zurückkehren würden. Auch während dieser Zeit erhielten wir von Gott mehrfach die Bestätigung, dass wir mit der entsprechenden Person würden rechnen dürfen. Und so war es dann auch. Gott hatte gleich zwei kompetente Fachkräfte berufen, ein Ehepaar: Horst und Hannelore Baldzer waren bereit, die Arbeit in der geplanten Ambulanz zu übernehmen. Das Ehepaar hatte auch eine kleine Tochter, Ruth. Das Visum war rechtzeitig beantragt worden und alle weiteren notwendigen Vorbereitungen für ihre Ausreise waren getroffen. Familie Baldzer sollte mit uns zusammen die Schiffsreise nach Brasilien antreten. Die *Pasteur* würde in Hamburg ablegen. Die Schiffspassagen waren bezahlt und das Gepäck bereits auf dem Schiff, nur das Visum war noch nicht gekommen. Und so mussten wir ohne Familie Baldzer in Hamburg ablegen. Welch eine Enttäuschung! Die unruhige Schifffahrt durch den Kanal und den Golf von Biskaya bei Windstärke 8 hat auch nicht gerade zu unserer Beruhigung beigetragen. Der letzte europäische Hafen, an dem die *Pasteur* anlegen sollte, war Lissabon.

Das Anlegen im Hafen ist immer etwas Besonderes. In unserem Fall sollten wir wirklich etwas Außergewöhnliches erleben. Durch den Lautsprecher wurde in Lissabon plötzlich mein Name aufgerufen. Ich solle mich unverzüglich beim Landungssteg einfinden. Als ich dort ankam, erlebte ich eine unglaubliche Überraschung: Vor mir standen Missionsinspektor Kretschmar und Hannelore und Horst Baldzer mit ihrer kleinen Tochter Ruth. Alle strahlten vor Freude. Was war geschehen? Kurz nachdem die *Pasteur* in Hamburg abgelegt hatte, war das Visum nach wochenlangem Warten doch noch gekommen. Da die Schiffsreise von Hamburg nach Lissabon mehrere Tage dauerte, reichte die Zeit, um mit dem Flieger die *Pasteur* in Lissabon noch zu erreichen.

Ab Lissabon hatten wir schönstes Wetter! Nicht nur auf dem Barometer angezeigt, sondern auch in unseren Gemütern. Zusammen konnten wir jetzt die Reise so richtig genießen. Wieder einmal hatten wir Gottes Treue und seine wunderbare Führung erfahren dürfen. Die Familie Hery kam nicht allein nach Brasilien zurück, sondern wir hatten im Gepäck ein ausgebildetes Krankenpflegeehepaar.

Durch diese Erfahrung lernten wir, dass man sich manche Enttäuschung ersparen kann, wenn man genau hinhört. Gott hatte uns nicht versprochen, wir würden Hamburg mit Krankenpfleger verlassen, sondern dass wir nicht ohne Krankenpfleger in Brasilien ankommen würden! Nun hatten wir unseren inneren Frieden wieder. Gleichzeitig waren wir sehr gespannt, mit welchen Wundern der Herr seine Zusage von der offenen Tür verwirklichen würde.

SCHÜSSE AM SCHLANGENFLUSS (I)

Während die *Pasteur* sich langsam Brasilien näherte, ereignete sich am Rio das Cobras eine Tragödie: Am Schlangenfluss fielen Schüsse!

Ein Nachbar von João – ich will ihn Pedro nennen – wollte unbedingt einen Teil von dem Land kaufen, das dieser von der Methodistenkirche bekommen hatte. Doch João wollte nicht verkaufen. Schließlich versuchte es der Nachbar mit Schikane. Er öffnete den Zaun an der Grenze und ließ seine Rinder in die Maispflanzung von João laufen. Als das auch nichts nützte, wollte der Nachbar »das Problem« auf seine Weise lösen. Er bot einem jungen Mann einen Geldbetrag von umgerechnet hundert Mark an. Dafür sollte er João »eliminieren«. Solche Berufskiller gab es in unserer Gegend mehrere. Der junge Mann suchte nach einer geeigneten Stelle, um den Auftragsmord auszuführen. Der 500 Meter weite Weg von Joãos Haus zur Bushaltestelle an der Bundesstraße führte durch eine kleine Schlucht. Genau dort lauerte der Killer seinem Opfer auf und erschoss João kaltblütig mit einem einzigen Schuss aus nächster Nähe – von hinten.

Nach unserer Rückkehr wohnten wir zunächst mit Dorothea und Martin Kahl in unserer alten Wohnung am Sarsé. Kahls hatten sich dort gut eingelebt und die Arbeit ging erfreulich weiter. Wenige Tage nach diesem schrecklichen Geschehen flehte mich Maria, die Witwe von João, an, ihr die 100 Hektar Land abzukaufen, die die Großfamilie mit 12 Kindern von der Methodistenkirche bekommen hatte. Sie sagte mir, sie könne mit ihrer Familie nicht auf dem Land wohnen bleiben. Den Grund dafür sollten wir erst sieben Monate später erfahren.

Die Wycliff-Bibelübersetzerin Dr. Ursula Wiesemann in den 50er-Jahren mit ihrem Bibelübersetzungshelfer Pedrinho.

Kitog mit ihrer Sprachlehrerin Vãkórá und deren Tochter.

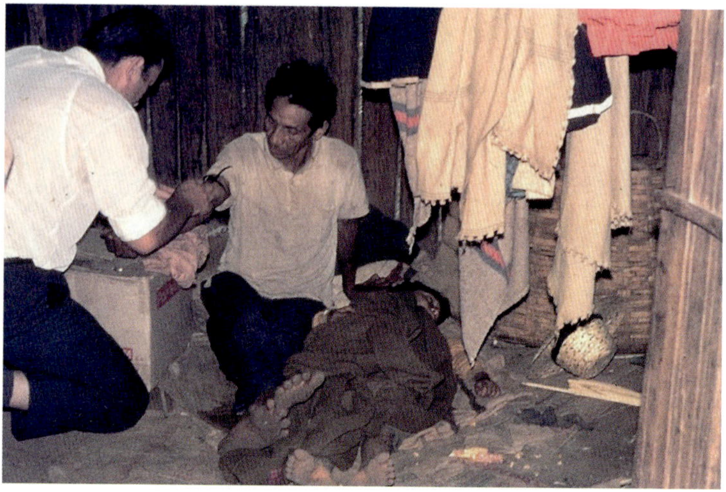

Hausbesuch mit Krankenbehandlung in der Hütte eines Kaingang.

Alte Kaingang im typischen, handgenähten Kleid flechtet ein Körbchen mit einem schönen Muster aus gefärbten Bambusstreifen.

Eine Kaingang flechtet mit
Bambusstreifen Bänder,
aus denen Hüte genäht werden.
Die Bänder müssen eine Länge von
7 Armspannweiten haben.

Pedro Barão näht einen Hut aus einem geflochtenen Band.
Hüte nähen ist Männerarbeit.

Unsere ersten Gottesdienste in unserem Wohnzimmer am Sarsé.

Kitog mit Ka'egso am Sarsé.

Die Kaingang lernen, mit dem unbekannten »weißen Pulver« (Weizenmehl) leckeres Brot zu backen.

Bei unserer ersten mehrwöchigen Rundreise 1967 besuchen wir mit unserem neuen blau-weißen Toyota mehrere indigene Reservate, unsere Strohmatratze auf dem Dachgepäckträger.

Kaingang hören in ihrer Sprache die Geschichten von Jesus, die ihnen Ilsedore mit Hilfe eines handbetriebenen Plattenspielers vorspielt.

Zähneziehen in Mococa.

Ilsedore trägt unseren kleinen Ka'egso mit dem Stirnband auf dem Rücken wie die kleine Kaingangfrau. Unser Nachbar, Fernandes mit seiner Frau, steht neben ihr.

Das große Abschiedsfest am Sarsé vor unserem ersten zwölfmonatigen Heimataufenthalt 1971/72.

Unsere Kinder Ka'egso, Ester Vénsóg und Lidia zusammen mit ihren indigenen Freunden.

Unsere vier Kinder sind von klein auf unsere Mitarbeiter und oft mit uns unterwegs auf Missionsreise.

Pri mit uns unterwegs auf Missionsreise in Apucaraninha.

Candoca tippt 1977 das ganze Neue Testament in Kaingang für den Druck.

Die neue Missionsstation Rio das Cobras außerhalb des Reservats mit den Krankenhütten links im Vordergrund. Der Wald rechts in der Mitte des Bildes gehört zum Reservat.

Familie Hery 1978.

Die 9-jährige Neuza liest im Gottesdienst einen Bibelvers, den sie ausgesucht hat, und gibt ihr Zeugnis, dass sie in Jesus hineingegangen ist.

Marica und ihre Tochter Isalina übernehmen das Putzen der Kirche.

Ilsedore, Lidia und Andrea 1983 in Mococa beim Mittagessen in der Hütte des Häuptlings.

Die Gemeinde am Rio das Cobras beim Lobpeis. Der Gemeindeleiter Kufig steht vorne in der Mitte.

Kaingang werden getauft. Tobias nennt das ein »Erntefest«.

Die erste Band entsteht 1990 in Queimadas und nennt sich »Die einzig und allein auf Jesus schauen«. Noten haben sie nie gelernt, aber dafür haben sie ein außerordentlich gutes musikalisches Gehör und Talent.

Die meisten Kaingang bringen ihre »Bibel« (Neues Testament) mit zum Gottesdienst.

Die zu klein gewordene Kirche in Apucaraninha wird von der neuen Kirche überbaut.

Gottesdienst in Apucaraninha.

Kaingang bauen in Marrecas ihre Kirche mit den selbst hergestellten ökologischen Backsteinen.

Zum großen Fest der Einweihung der Kirche in Marrecas im November 2006 kommen alle Gemeinden.

Die Reservate der indigenen Völker im Bundesstaat Paraná.

Bei unseren Abschiedsbesuchen 2016 werden wir in allen Gemeinden im Gottesdienst von den Gemeindeleitern gesegnet.

DER KAUF VON TEIL 2 DES LANDES

Die 100 Hektar Land sollten zwanzigtausend Mark kosten! Das war genau der Betrag, den wir als »Überschuss« im Heimatdienst bekommen hatten. Das Land, auf dem die Familie von João wohnte, hatte im Gegensatz zu dem Land, das wir schon gekauft hatten, mehrere Vorteile. Es verfügte über ein halbes Dutzend Quellen und es gehörte ein großes Waldstück, sehr gutes Ackerland und eine gepflegte Weide dazu. Vor allem gab es eine eigene Zufahrt über die alte, nicht mehr befahrene Bundesstraße. Die Witwe und die sechs volljährigen Kinder konnten uns ihren Anteil sofort und ohne Probleme verkaufen. Die Missionsstation wurde neu geplant und mit den Bauarbeiten konnte bald begonnen werden. Doch bei dem Verkauf des Landes, das den sechs minderjährigen Kindern gehörte, gab es große Schwierigkeiten. Der Jugendrichter erlaubte nicht, den Kaufpreis auf den Namen der minderjährigen Kinder bei der Bank zu deponieren. Man verlangte von der Mission, ein Haus im Wert ihrer Anteile zu kaufen. Erst danach konnte das Land der Kinder mit der Immobilie »getauscht« werden.

Vom *Chefe* bekamen wir die Erlaubnis, am Sarsé ein Versammlungshaus zu bauen. An Weihnachten 1972 wurde das einfache Holzhaus hinter der Ambulanz eingeweiht. Es diente als Schule und hatte nur ein einziges Klassenzimmer, in dem sonntags auch die Gottesdienste stattfanden.

DIE SCHÜSSE AM SCHLANGENFLUSS (2)

Walter. Jedermann wusste, wer den Mord an João in Auftrag gegeben hatte. Nur die Polizei »wusste« es nicht. Sie forschte auch nicht nach. So bereitete sich der zweitälteste Sohn, ich will ihm hier den Namen Carlos geben, darauf vor, eigenhändig den Mord an seinem Vater zu rächen. Er kaufte sich einen Revolver und übte im Wald. Er wusste, dass er nur einen einzigen Schuss hatte, um den Auftragskiller zu töten, sonst würde er selbst sterben, ohne sein Ziel erreicht zu haben. Außerdem war es Ehrensache, mit nur einem Schuss, aber von vorn, zu töten. Der Mord an seinem Vater war feige gewesen, er war von hinten erschossen worden und war dazu noch unbewaffnet gewesen.

Wenige Stunden, bevor Pedro, der vermeintliche Auftraggeber, am 2. März 1973 »niedergestreckt« wurde, hatte ich noch mit ihm über die geplante Stromleitung gesprochen und ob er sich nicht beteiligen wollte. Er, der immer mit zwei Revolvern im Gürtel bewaffnet war, ahnte nicht, dass er noch am selben Tag durch einen Schuss ins Auge sterben würde, abgegeben aus der Pistole eines Jungen. Noch in derselben Nacht und an den folgenden Tagen suchten ein Dutzend Polizisten nach Carlos. Pedros Brüder, die auch reiche Farmer waren, setzten auf Carlos ein beachtliches Kopfgeld aus, tot oder lebendig.

Nun verstanden wir auch, warum die Witwe mit ihren vielen Kindern nicht auf ihrem Land wohnen bleiben konnte. Da die Polizei Carlos nicht fand, waren jetzt dessen kleinere Geschwister in großer Gefahr, gekidnappt zu werden. Aus diesem Grund war die Witwe mit ihrer ganzen Familie plötzlich verschwunden und bei ihrem ältesten Sohn in einer 800 Kilometer entfernten Großstadt untergetaucht. Das erfuhren wir später.

Der erste Präsident der *FUNAI*, der den Kaingang am Rio das Cobras einen Besuch abstattete, war ein pensionierter General. Er interessierte sich auch für unsere Missionsstation am Sarsé und wollte wissen, wo denn unsere Kirche sei. Ilsedore war über diese Frage erstaunt und antwortete: »Wir haben keine Kirche. Unsere Gottesdienste finden hier in unserem Schulraum statt.« Über uns wurde nämlich das Gerücht verbreitet, wir würden nur den Kaingang Medizin geben, die unsere Religion annahmen.

Zu diesem Besuch im März 1973 war auch Dr. Felipe gekommen. Er sprach mit dem General und den Mitgliedern des Komitees über die geplante Krankenstation außerhalb des Reservats, deren Bauantrag wir im September 1972 bei der *FUNAI* eingereicht hatten. Bei seinem Besuch erhielten wir mündlich die Erlaubnis für das Projekt und die schriftliche Genehmigung wurde im August 1973 erteilt. Die Erlaubnis war für zwei Jahre gültig und verlängerte sich nicht automatisch, sondern musste jedes Mal wieder neu beantragt werden. Damit waren immer besondere Hürden und auch viele Wunder verbunden.

Der Bau der neuen Missionsstation

Für das Errichten der neuen Missionsstation brauchten wir ein geeignetes Fahrzeug zum Transportieren des Baumaterials und auch für die Landwirtschaft gab es diesen Bedarf. So tauschten wir unseren blauen Toyota Bandeirante gegen einen neuen grünen Toyota Pick-up. Im Oktober 1972 bekamen wir von der *FUNAI* aus Brasília ein Telegramm mit der Nachricht, dass unser Projekt, eine Missionsstation außerhalb des Reservats mit Ambulanz für die Kaingang zu errichten, wohlwollend begrüßt wurde und ein Vertrag in Arbeit sei. So begannen wir im Januar 1973 mit dem Aufbau der neuen Missionsstation.

Es war von Gott perfekt so eingefädelt, dass zur selben Zeit etwa 60 Kilometer entfernt am Iguaçú-Fluss ein großes Wasserkraftwerk gebaut wurde. Dr. Felipe machte uns mit dem leitenden Ingenieur, Dr. Nivaldo, bekannt. Durch seine Position und seine Beziehungen zu den Firmen unterstützte Dr. Nivaldo nicht nur den Bau der Missionsstation großzügig, sondern wir wurden auch Freunde, bis heute. So wurden alle Erdarbeiten mit Maschinen kostenlos durchgeführt. Danach konnte mit dem Errichten der Gebäude begonnen werden. Beim Bau der 8 m x 16 m großen Ambulanz half uns Missionar Gumbel, der gelernter Monierer[8] war. In der Nähe der Ambulanz wurden fünf kleine Bretterhäuschen errichtet, in denen die Kranken mit ihren Familienangehörigen wohnen konnten. Die Bretter für die Wohnhäuser und für die Krankenhütten kauften wir in einer Sägerei 130 Kilometer

---

8 Ein Monierer bearbeitet die langen Stahlstangen, auch Moniereisen genannt, die für Stahlbetonkonstruktionen erforderlich sind. Auch für unser *Ambulatório* waren solche Betonpfeiler nötig.

entfernt, die Dachziegel in einer Ziegelei 250 Kilometer entfernt. Alle Fliesen für das *Ambulatório* und die Badezimmer und WCs in unseren Wohnhäusern wurden uns von der Schweizer Firma INCEPA geschenkt.

Ein unerwartetes Geschenk

Als uns im April 1973 unser Freund Willi Neureder eine Glocke für die Kirche auf der neuen Missionsstation schickte, standen wir vor einem Problem. Denn der Bau eines Glockenturms war nicht vorgesehen und einen Etat dafür gab es auch nicht. Doch Gott schenkte Hilfe. Die EC-Jugend in meinem Heimatdorf Haßloch hatte Altpapier gesammelt und schickte uns den Erlös für den Kirchbau. Es war genau die Summe, die wir für die dicken Balken zum Bau eines Glockenturms benötigten.

Zu einer Glocke, die in einem Turm hängt, gehört auch ein »Glöckner« und der Erste, der die Glocke läutete, war Opa Hery, der als Bauhelfer gekommen war. Er durfte die Glocke sozusagen einweihen, als wir zur Fertigstellung ein großes Fest feierten. Dann zeigte er seinem sechsjährigen Enkel Ka'egso, was zur Aufgabe eines Glöckners gehört, der dieses Amt lange Zeit voller Stolz ausübte. Später übernahmen dann Kaingang diesen Dienst. Diese Glocke ist bis heute im Einsatz. Etwa eine Stunde vor Gottesdienstbeginn wird sie geläutet. Das hört man im nächsten Dorf, das drei Kilometer entfernt ist, sodass sich die Menschen rechtzeitig auf den Weg zum Gottesdienst machen können. Gott schenkt nie etwas ohne Plan.

Sechs Mark für einen Meter Stromleitung

Mit Hilfe einer Sonderspende für die Pionierarbeit unter den Kaingang hatten wir in unserem letzten Jahr vor dem Deutschlandaufenthalt sogar elektrischen Strom am Sarsé bekommen. Ein stationärer Dieselmotor, an einen Generator gekoppelt, lieferte uns sechs Kilowatt Strom. Zuerst dachten wir daran, diesen Generator zur neuen Missionsstation mitzunehmen. In der Umgebung des neu erworbenen Landes gab es nämlich weit und breit keine Stromleitung. Dann erfuhren wir, dass bis zu der drei Kilometer entfernten Sägerei eine 13.000 Volt Leitung gelegt werden sollte. Diese Hochspannungsleitung könnten wir auf eigene Kosten von der Sägerei bis zur neuen Missionsstation weiterführen, wurde uns gesagt. Der Kostenvoranschlag belief sich auf rund 20.000 DM. Unser Feldleiter sagte, dass unsere Mission das Geld nicht habe und wir ja erst kürzlich einen Generator bekommen hätten. Den sollten wir zur neuen Station mitnehmen.

Mein Freund Willi Neureder war Elektromeister und verstand etwas vom Fach. Als er von der Möglichkeit hörte, einen richtigen Stromanschluss zu bekommen, riet er uns dringend davon ab, den Generator »umzuziehen«. Den konnten ja Missionar Martin Kahl und seine Familie auch gut gebrauchen, die jetzt dort wohnten. Willi versprach uns, Freunde um Spenden für die drei Kilometer lange Stromleitung zu bitten. Er startete 1973 die Kampagne *Licht zu den Kaingang*. »Für je sechs Mark kann ein Meter Stromleitung zum Rio das Cobras finanziert werden«, so erklärte er den potenziellen Spendern das Projekt. Mit seiner besonderen Gabe, Menschen zu großen Opfern für das Reich Gottes zu ermutigen, sammelte er in kurzer Zeit – Meter für Meter – das notwendige Geld. Nachdem wir dann auch von der Missionsleitung grünes Licht bekommen hatten, fuhr ich nach Curitiba zur *COPEL*, der staatlichen Elektrizitätsgesellschaft. Dort hatte ich vorher den Kostenvoranschlag eingeholt. Nun wollte ich die Arbeit in Auftrag geben. Der zuständige Beamte riet mir jedoch, ich solle die Stromleitung von einer privaten Firma legen lassen. Da würde ich viel Geld sparen, meinte er. Er nannte mir auch eine Firma in Cascavel, nur 130 Kilometer vom Rio das Cobras entfernt. Tatsächlich war der Kostenvoranschlag wesentlich günstiger und ich machte gleich Nägel mit Köpfen. Am Abend dankten wir Gott für diese Erfahrung.

Obwohl mir versprochen wurde, man würde bald mit der

Arbeit beginnen, verging Woche um Woche und es geschah nichts. Aber dabei handelte es sich nicht um eine Verzögerung, sondern man wollte uns keine klare Absage geben und den Auftrag so lange hinausschieben, bis wir von uns aus aufgaben. Nun war ich gespannt, wie der Beamte der *COPEL* in Curitiba reagieren würde, der mir diese Privatfirma empfohlen hatte. Er hatte es sicher gut gemeint. Doch die lokalen Gegebenheiten am Rio das Cobras waren ihm unbekannt. Nachdem ich ihm alles berichtet und seinen Kostenvoranschlag vorgelegt hatte, wurde sein Gesicht ganz ernst. Er sagte zu mir: »Pastor, das Datum für die Gültigkeit des Kostenvoranschlages, das hier steht, ist schon längst abgelaufen. Wenn wir die Stromleitung legen sollen, muss zuerst ein neuer Kostenvoranschlag erstellt werden. Und ich sage ihnen im Voraus, sie werden sich wundern. Es ist ihnen doch bekannt, dass wir eine hohe Inflation haben.« Den Tränen nahe, sagte ich ihm: »Sie haben mich selbst zu dieser Firma geschickt. Freunde in Deutschland haben große Opfer gebracht und diesen Betrag gespendet. Mehr Geld haben wir nicht.« Im Stillen betete ich, Gott möge ein Wunder tun. – Und das tat Gott dann auch.

Plötzlich erhob sich der Beamte von seinem Sessel, zog seine Anzugsjacke an und sagte: »Ich geh jetzt zu meinem Chef. Er allein kann eine Verlängerung der Gültigkeit dieses Kostenvoranschlages genehmigen.« Und schon war er aus seinem Büro verschwunden. Ich nutzte die Zeit zum Beten. Nach wenigen Minuten kam er mit einem strahlenden Gesicht zurück: »Haben Sie ein Glück«, sagte er. »Mein Chef war gerade im Begriff, sein Büro zu verlassen, und hatte es sehr eilig. Im Stehen unterzeichnete er den Kostenvoranschlag und versah ihn mit einem neuen Datum.«

Am 25. Februar 1974 schrieben wir in unserem Rundbrief: »Am Rio das Cobras brennt seit einigen Tagen Licht. Es ist uns ein Gotteserleben, wie wir mit den sechs DM pro Meter trotz der gewaltigen Preissteigerung im vergangenen Jahr Strom bekamen. Die Kosten für das Baumaterial sind um mehr als 300% gestiegen. Würden wir heute einen Stromanschluss beantragen, müssten wir das Mehrfache bezahlen. Darum danken wir allen, die damals sofort mutmachend reagierten.«

Ilsedore. Meine Freude wurde bei dem Gedanken, dass wir umziehen würden, zunächst sehr getrübt. Ich liebte unser Haus am Sarsé sehr. Hier war ich zu Hause. Hier war unsere Familie entstanden. Hier hatten wir nette Nachbarn. Alles war mir vertraut. Außerhalb des Reservats, wo die neue Station gebaut wurde, wohnte weit und breit kein Kaingang. Es würde für mich sehr schwer sein, mit unseren drei kleinen Kindern die drei Kilometer bis zum nächsten Dorf zu gehen, um dort Besuche machen zu können. Für Walter wäre das alles einfacher, dachte ich und sagte: »Ich möchte nicht umziehen.« Ich fand meine Meinung und meine Argumente sogar berechtigt.

Eines Morgens, in meiner Stillen Zeit, war es mir, als ob Jesus persönlich mich fragte: »Früher warst du flexibler. Kann ich dich nicht mehr dorthin schicken, wo ich dich gebrauchen will?« Darauf antwortete ich meinem Herrn: »Doch, Herr, wenn es dein Wille ist, dann gehe ich, auch wenn es mir sehr schwerfällt.«

Nach diesem Erlebnis konnte ich die Bauarbeiten auf der neuen Station ganz anders begleiten. Ich bin Gott so dankbar, dass er mir auch in dieser Situation so gnädig war und mir gezeigt hat, was sein Wille war. So musste ich nicht umziehen, weil ich meinem Mann untertan war, sondern weil der große Gott es so geplant hatte.

Am 9. März 1974 zogen wir in unser neues Haus ein. Wie reich hatte Gott uns beschenkt: Wir hatten Wasser und Strom.

Die neue Missionsstation wurde am 28. Juli 1974 eingeweiht. Wir gaben ihr den Namen: »*Ambulatório Indígena Rio das Cobras*«. Die erste Missionsstation am Sarsé war von den Kaingang nur »Mission« genannt worden. Und so nannten sie nun auch die neue Station. Wie froh waren wir, dass Horst und Hannelore die Behandlung der Kranken bereits übernommen hatten. Mit ihnen hatten wir ein erfahrenes Ehepaar, das Großartiges leistete. Ein wahres Gottesgeschenk.

Ilsedore. Das Besondere an meiner vierten Schwangerschaft war, dass unsere drei Kinder sie bewusst miterlebten. Nachdem sich das kleine Menschlein bewegte, wollten sie immer wieder meinen Bauch anfassen und es spüren. Natürlich wünschten sich alle, besonders Ka'egso, ein Brüderchen, da er ja schon zwei Schwestern hatte. Als wir eines Abends in unserem Wohnzimmer saßen, fragte Ka'egso: »Mama, das Baby gehört doch uns oder auch der Mission?« Er hatte schon begriffen, dass das Haus, das Auto, der Traktor und andere Gerätschaften der Mission gehörten und man darum vorsichtig damit umgehen musste. Walter nahm unseren kleinen Schatz in seine Arme und sagte: »Nein, das Baby gehört uns.« Ka'egso war sichtlich erleichtert. Mit der Geburt von Andrea am 31. Oktober 1974 war unsere Familie nun komplett. In dem Moment, als ich wusste, dass ich schwanger war, übergab ich das heranwachsende Baby dem Herrn Jesus. Meine Bitte war, dass das Kind früh Jesus in sein Herz aufnehmen und dass er es einmal beim Bau seines Reiches gebrauchen möge. Diese Bitte hat Jesus in seiner Barmherzigkeit erhört. Dafür bin ich ihm sehr dankbar. *Ka'egso* und *Ester Vénsóg* sind Missionare in Brasilien unter indigenen Völkern. *Lidia* und *Andrea* leben in Deutschland. Sie arbeiten als Erzieherinnen in kirchlichen Kindergärten, helfen mit, dass das Reich Gottes dort bekannt wird, und sind aktiv in ihren Gemeinden tätig.

Oft wurde ich gefragt, wie ich an solch einem Ort mit unseren Kindern leben könne. Einige Kollegen machten uns sogar den Vorwurf, dass das unverantwortlich sei. Manche meinten, wir sollten doch in der Stadt wohnen und von dort aus die Kaingang besuchen. Aber glücklicherweise wussten wir, dass Gott uns den Auftrag gegeben hatte, bei ihnen zu leben und ihnen die Botschaft der Erlösung zu verkündigen. Wie sollten die Kaingang wissen, dass Gott sie liebt, wenn wir ihnen diese Liebe nicht auch im Alltag vorlebten? Der Apostel Paulus sagte es so: *Ich habe mit euch mein Leben geteilt.* Gott wusste, dass er uns mit Kindern beschenken wollte, und darum würde es ihnen nicht schaden, auch wenn wir mit Tuberkulosekranken Kontakt hatten und giftigen Schlangen begegneten. Es ist für uns nicht selbstverständlich, dass keiner von uns je an TB erkrankte und niemand von einer Giftschlange gebissen wurde.

Was uns allerdings wirklich genervt hat, das waren diese kleinen Tiere wie Fliegen, Stechmücken, Moskitos, Läuse, Flöhe, Sandflöhe und besonders die Berne-Fliegen. Die waren nicht nur lästig, sondern auch gefährlich. Sie konnten Krankheiten wie Malaria oder das gefürchtete Dengue-Fieber übertragen. Diese kleinen Tiere waren deshalb so gefährlich, weil sie so allgegenwärtig waren, es gab so viele von ihnen und sie schienen unbesiegbar. Vielen unserer Besucher aus Europa nahmen sie die Freude und entmutigten sie durch lästige Stiche. Und genau darin bestand die Gefahr.

Dass die Kaingang allerlei Zauberei machten, um uns loszuwerden, wussten wir. Unheimlich war es mir besonders, wenn ich mit den Kindern allein zu Hause war. Wenn ich ohne Grund aufwachte und mich die Angst überkam, ging ich zu den Kindern, betete über jedem einzelnen und stellte sie, Walter und mich unter den Schutz des Blutes Jesu. Erst wenn ich dann wieder Frieden hatte, legte ich mich in mein Bett und konnte einschlafen.

Eine besondere Erfahrung hatte ich mit einer sehr giftigen Spinne. Sie fühlt sich in Holzhäusern sehr wohl. Eines Nachts wurde ich plötzlich wach. Da Walter unterwegs war, war es an mir, aufzustehen und nachzusehen, ob ein Kaingang Hilfe brauchte. Aber ich hörte kein Husten, mit dem sich die Kaingang normalerweise bemerkbar machten. Und es stellte auch niemand die Frage: »Sitzt du drinnen?« So machte ich meine Taschenlampe an und sah, oh Schreck, genau vor mir eine sehr große Spinne. Es war Gott selbst gewesen, der mich geweckt hatte. Er half mir auch, das gefährliche Tier zu töten. Denn das war sonst immer Walters Aufgabe. Ich habe es nur dieses eine Mal tun müssen. Danach nie wieder. Dankbar schlief ich nach einiger Zeit wieder ein.

Ich war froh, dass wir keins unserer Kinder wegen der Schule in ein Internat weggeben mussten. Aber etwas anderes machte mir Sorgen. Die Missionsarbeit war gewachsen und nahm uns ganz in Anspruch. Es bestand die Gefahr, dass wir unseren Kindern ungewollt vermittelten, die Kaingang seien wichtiger als sie. Ich war in einer Familie aufgewachsen, in der mein Vater eine geregelte Arbeitszeit hatte und die Abende mit uns verbrachte. Meine Mutter war immer für uns da gewesen. Dies war in unserer Familie nun ganz anders. Wir hatten auf der Missionsstation weder geregelte Arbeitszeiten noch freie Tage. Aber Gott ist treu und half uns genau zur rechten Zeit.

Larry Coy, ein amerikanischer Pastor, hielt damals in Curitiba Seminare zum Thema »Lebenskonflikte«. Daran nahmen hauptsächlich Pastoren und Missionare teil. Larry Coy sprach über Beziehungen und zeigte uns auf, wie man Dinge verändern kann. Er machte uns Mut, als Eheleute einen gemeinsamen Abend, ohne Kinder, zu gestalten. Als er über die Kindererziehung sprach, nannte er genau das Problem, das mich beschäftigte: Wie vermittle ich meinen Kindern, dass sie mir wertvoll sind? Dazu gab es sehr hilfreiche Tipps. Z. B. wurde vorgeschlagen, jede Woche einen Abend einzuplanen, der ganz den Kindern gehörte und ein genauso fester Termin war wie z. B. eine Bibelstunde. Dieses Seminar wurde für unsere Ehe und Familie ein wichtiger Meilenstein.

Das Schönste war, dass ich dabei sein durfte, als unsere Kinder schon sehr früh Jesus als ihren Heiland annahmen. Sie beteten dann mit uns dafür, dass auch die Kaingang »in Jesus hineingehen«. Sie waren unsere ersten Mitarbeiter. Ohne unsere Kinder hätten wir unseren Dienst so nicht tun können.

Walter und ich waren uns darin einig, dass unsere Kinder selbst entscheiden sollten, in welchem Land sie später einmal als Erwachsene leben wollten. Sie sind Brasilianer und Deutsche und haben beide Staatsangehörigkeiten. Sie sollten aber nicht aufgrund unserer Berufung in Brasilien bleiben müssen. Darum ermöglichten wir es ihnen auch, in Deutschland eine Ausbildung, eine Fortbildung oder ein Studium zu machen. Dieses Angebot haben alle vier in Anspruch genommen.

»Gebt ihr ihnen zu essen«

Walter. Aus allen Dörfern des großen Reservats kamen Kranke zur neuen Ambulanz. Sie wohnten mit ihren Familien in den Krankenhütten. Behandlung und Medizin waren für die Familien umsonst. Doch das Essen mussten sie selbst mitbringen, denn sonst wären sie voraussichtlich zu Dauerpatienten geworden. Das Geld, das dafür notwendig war, konnten sie sich auf unserer Missionsfarm verdienen. So mussten sie nicht irgendwo bei Brasilianern im Tagelohn arbeiten. Dadurch wären sie viele Tage von der Familie getrennt gewesen.

In der ersten Zeit wurde für diese Farmmitarbeiter das Essen gekocht. So waren sie es gewohnt, wenn sie bei Brasilianern im Tagelohn arbeiteten. Sie kamen also zur Mittagszeit vom Feld in unseren Speiseraum. Dort gab es Bohnen, Reis, Maismehl und Fleisch. Was aber hatten ihre Familien in den Krankenhütten zu essen? Mit dieser Frage hatte ich mich bis dahin noch nicht beschäftigt. Eines Tages saß ich mit meiner Familie am Mittagstisch. Ich sprach das Tischgebet und dankte für das Essen. Als ich meine Augen öffnete, sah ich durch das Fenster eine Gruppe spielender Kinder. Das war eigentlich ein gewohntes Bild. Doch in diesem Moment schoss mir die Frage durch den Kopf: »*Wann* und *was* essen diese Kinder eigentlich?« Gleichzeitig wurde ich an die Worte Jesu erinnert, die er seinen Jüngern sagte: *Gebt ihr ihnen zu essen.* (Lk. 9,13) Der inneren Stimme in mir entgegnete ich: »Wenn ich das, was wir zum Essen haben, mit allen hungernden Kaingang teilen soll, wird keiner von uns satt.« Doch dann hörte ich eine innere Stimme sagen: »Du musst nicht von deinem Essen abgeben, sondern lehre sie, wie sie ihr Land effektiver bestellen können. Zeig ihnen, was sie anpflanzen können. Ich werde es wachsen und gedeihen lassen und werde es vermehren.« So entstand ein neues Projekt ganzheitlicher

Missionsarbeit. Damit konnten zwei Fliegen mit einer Klappe geschlagen werden: Einerseits konnten die Familienväter mit ihrem Verdienst Lebensmittel für ihre Familie kaufen, die zur Krankenbehandlung in der Ambulanz weilten. Und gleichzeitig konnten wir den Kaingang bei ihrer landwirtschaftlichen Tätigkeit viel Neues zeigen. So lernten sie z. B., mit einem einfachen Gerät zu pflanzen, statt mit einem Stecken, wie sie das von ihren Vätern gelernt hatten. Natürlich war das manchmal mühsam, wir brauchten Zeit und Geduld, aber wir sahen darin eine Investition in die Zukunft der Kaingang. Und so gaben wir diesem landwirtschaftlichen Hilfsprojekt den Namen *Landwirtschaftsschule für Indigene.*

An der Einfahrt zur Missionsstation stand auf einer großen, dicken Holzbohle: *Ambulatório Indígena Rio das Cobras.* Die Krankenbehandlung, mit der wir im Reservat am Sarsé begonnen hatten, und die Verkündigung des Wortes Gottes waren zunächst die beiden Hauptbereiche unserer Missionsarbeit. Unser ganzheitliches Missionsverständnis beschränkte sich nicht nur auf die Verkündigung der biblischen Botschaft. Neben allen sozial-diakonischen Angeboten sahen wir uns auch als Integrationsbegleiter. Unsere Aufmerksamkeit richteten wir bewusst in zwei Richtungen: Wir wollten der indigenen Bevölkerung helfen, die dominierende Kultur der *Fóg* zu verstehen. Und bei den Brasilianern warben wir um Verständnis für das Denken und Verhalten der Kaingang. Nur im gegenseitigen Verstehen können wir die, die anders denken und fühlen, respektieren.

Auf der neuen Missionsstation ergaben sich bald weitere Notwendigkeiten ganzheitlicher Missionsarbeit, die in den folgenden Berichten beschrieben werden. Darum wurde mit der Erweiterung der Tätigkeiten auch der Name der Missionsstation geändert in: *»Núcleo Assistencial Indígena Rio das Cobras«* (Indigenes Hilfszentrum Rio das Cobras). Im Folgenden einfach *NAI* genannt. Die Kaingang aber blieben weiterhin bei der Bezeichnung »Mission«. Von dem Hilfsprojekt *Landwirtschaftsschule für Indi-*

gene hatten die vielen Familien, die nicht zur Krankenbehandlung bei uns wohnten, wenig Nutzen. Das sollte sich aber bald ändern.

Grundschule und Ausbildung von zweisprachigen Lehrern

Im März 1975 war Familie Reginaldo und Doralice Ulrich als Nachfolger von Martin und Dorothea Kahl zum Rio das Cobras gekommen. Sie wohnten zunächst im Reservat auf der alten Missionsstation. Reginaldo hatte dort noch im selben Monat mit dem Schulunterricht für die Kinder der Kaingang am *Posto* begonnen.

Gleichzeitig bauten immer mehr Kaingang ihre Hütten in der Umgebung der neuen Missionsstation, weil sie in der Nähe der Krankenstation wohnen wollten. Zur Schule am *Posto* hatten ihre Kinder einen Weg von etwa sechs Kilometern zurückzulegen; das war zu weit und die Indios wünschten sich, dass Reginaldo die Kinder auch auf der neuen Missionsstation unterrichtete. So bauten wir ein 3,5 m x 4,5 m großes Holzhäuschen. Der Raum diente als Sonntagsschulraum und als »Klassenzimmer«. Mit der Zeit wurde es immer dringender, dass wir ein richtiges Schulgebäude hatten. Dafür benötigten wir aber nicht nur Geld, sondern vor allem auch die Genehmigung der *FUNAI*.

Im Januar 1977 besuchte uns Direktor Jayme von der *FUNAI* in Brasília. Er drückte uns seine Anerkennung für den Dienst im *Ambulatório* und in der kleinen provisorischen Schule aus. Er machte uns sogar Mut, mit dem Bau einer Schule zu beginnen. Den erforderlichen Antrag dafür hatten wir bereits eingereicht. Jetzt gab er uns die mündliche Zusage und die schriftliche Genehmigung erhielten wir bald danach. Das war für uns ebenfalls ein Wunder!

Eine Firma, die zum Bau des Wasserkraftwerkes am Salto Santiago für die Arbeiter dort Fertighäuser errichtet hatte, die nun nach Beendigung der Bauarbeiten nicht mehr gebraucht wurden, erlaubte uns, einige dieser Häuser abzureißen und das Material auf unserer Missionsstation zu verwenden. So bekamen wir ganze Bretterwände, Fenster und Türen. Damit konnte ein schlichtes Schulgebäude mit drei Klassenzimmern, getrennten Toiletten für Jungen und Mädchen und einer großen, überdachten Veranda errichtet werden. Die Kirchengemeinde in Solingen-Dorp schenkte uns 6.500 DM für den Bau und mit Beginn des Schulunterrichts zog Familie Ulrich um.

Doralice und Reginaldo boten außer dem Unterricht in der Vor- und Grundschule auch am Abend Kurse zur Alphabetisierung der Erwachsenen an. Die Nachfrage und der Eifer der Indios waren erfreulich. Einige Jahre später zeigten einige Guaraní großes Interesse daran, als zweisprachige Lehrer ausgebildet zu werden, die die Kinder ihres Volkes in ihrer Sprache unterrichten konnten. Unser Lehrerehepaar entsprach der Bitte der Guaraní und begann im Jahr 1987 damit, solche Kurse anzubieten. Sie bildeten sowohl Kaingang als auch Guaraní als *Monitores-Bilíngües* aus.

»Brich dem Hungrigen dein Brot«

Durch dieses Bibelwort in Jesaja 58,7 redete Gott im Januar 1976 zu mir und es wurde mir zum Befehl. Es war der Startschuss für ein neues Projekt im Reservat als Erweiterung der Landwirtschaftsschule auf unserer Missionsfarm. Im September begannen wir mit dem Starthilfe-Projekt im Reservat. Das neue Projekt hatte ich, wie die anderen vorher auch, mit interessierten Kaingang besprochen. Wir wollten ja nicht *für* sie arbeiten, sondern *mit* ihnen. Die Kunde ging wie ein Lauffeuer durchs Reservat. Hauptsächlich Kaingang, die »in Jesus hineingegangen« waren, kamen auf mich zu. Wir vereinbarten einen Termin für ein erstes Gespräch über die Absicht, die Bedingungen und die Abwicklung des Starthilfe-Projekts. Als Erstes wurde die Art der »Mitarbeit« geklärt. Es wurde klargestellt, wer wem hilft. Nicht die Indios sollten uns auf ihrem Feld helfen, sondern sie waren die Eigentümer und *wir* halfen *ihnen* auf *ihrem*

Feld. Im Reservat gab es viel Land, das brach lag und gepflügt werden konnte. Die meisten Flächen mussten allerdings zuerst »urbar« gemacht werden. Erst danach konnte unser Traktor im Reservat mit dem Pflügen beginnen.

Vor dem bereits erwähnten Besuch von Direktor Jayme im Januar 1977 hatten wir von unserer landwirtschaftlichen Tätigkeit noch nichts nach Brasília berichtet. Umso größer war sein Erstaunen, als wir ihm von unserem Starthilfe-Projekt im Reservat berichteten, das seit einem Jahr lief. Denn eigentlich war er gekommen, uns im Auftrag der *FUNAI* zu sagen, dass wir auch in dem Bereich Landwirtschaft etwas anbieten sollten. Er versprach uns, einen neuen Vertrag auszuarbeiten, der alle drei Bereiche umfasste: Gesundheit, Erziehung und Landwirtschaft.

Wir waren damals so dankbar für diesen von der *FUNAI* angeordneten Besuch, denn wir hatten schon für die Verlängerung unseres Vertrages gebetet. Wir freuten uns aber auch, dass wir den Dienst in den drei Bereichen nicht aus Pflicht der Regierung gegenüber tun mussten, sondern dass unser Herr uns schon vorher damit beauftragt hatte. Wir taten diese Arbeit aus Gehorsam und Liebe unserem Herrn gegenüber.

Die Anzahl der teilnehmenden Familien nahm weiter zu und auch die zu bearbeitenden Flächen wurden immer größer. Die Felder lagen bis zu 30 Kilometer entfernt von der Station.

Beim Starthilfe-Projekt beteiligten sich bis zu 22 Familien. Inzwischen hatten wir drei Traktoren, damit konnten wir im Reservat bis dahin ungenutzte, große Flächen urbar machen und 200 Hektar Land vom Roden bis zur Ernte bearbeiten. Einer der Regionalleiter der *FUNAI* war Agraringenieur. Er bedankte sich mehrmals persönlich bei mir für diese Hilfe. Durch unsere Landwirtschaftsprojekte war er unserer gesamten Missionsarbeit sehr wohlwollend gegenüber eingestellt. In ihm hatten wir über viele Jahre einen guten Freund und Fürsprecher gewonnen. Das zeigte sich in kritischen Situationen sehr positiv.

Im Rahmen der ganzheitlichen Mission wurden in den folgenden Jahren drei ökumenische Hungermarschprojekte[9] zugunsten unserer Arbeit durchgeführt.

Außerdem hat später unsere inzwischen erwachsene Tochter Ester Vénsóg mit Christliche Fachkräfte International (CFI) sowohl Kaingang als auch Guaraní als Gesundheitshelfer ausgebildet.

Als letztes Projekt wurde eine Bibelschule für Indigene errichtet.

Kauf von Teil 3 des Landes

Der Jugendrichter hatte verlangt, dass unsere Mission für die sechs minderjährigen Kinder eine Immobilie kaufte, die dann mit dem Land getauscht werden könnte. Bis es zu diesem Tausch kam, mussten jedoch mehrere Hindernisse überwunden werden. Dieser Prozess dauerte vier ganze Jahre! Insgesamt haben die Witwe und ich mehr als 30.000 Kilometer zurückgelegt, um den Eigentümerwechsel des verbliebenen Teils des Landes zu vollziehen. Eines der ersten Hindernisse war, dass Maria, die Witwe, nicht von allen zwölf Kindern eine Geburtsurkunde besaß. Die fehlenden Urkunden mussten dort beantragt werden, wo die Kinder geboren waren. Das war sehr schwierig, da Maria nach der Ermordung ihres Mannes mit ihren Kindern in eine weit entfernte Großstadt umgezogen war. Dort hatten wir nach langem Suchen endlich ein passendes Haus gefunden, das sich als Tauschobjekt eignete. Wir waren voller Hoffnung, dass der Kauf bald erfolgen könnte. Doch der Besitzer wollte nicht warten, bis

[9] Der Ökumenische Hungermarsch Böhl-Iggelheim e.V. wurde 1975 gegründet und unterstützt nach dem Prinzip »Hilfe zur Selbsthilfe« jedes Jahr ein neues Projekt. Für die Kaingang wurde als 1. Projekt im Jahr 1993 eine Polytechnische Lehrwerkstatt mit 169.000 DM unterstützt. Das 2. Projekt war eine Ziegelei in Queimadas, für die wir 1999 eine Spende in Höhe von 158.000 DM bekamen. Im Jahr 2010 wurden für Nachhaltige Landwirtschaft, unser 3. Projekt, 61.000 Euro gespendet! Mehr Informationen über diese und alle anderen Projekte finden sich unter: www.hungermarsch-boehl-iggelheim.de

die Witwe alle fehlenden Dokumente beschafft hatte. Nach Ablauf der vereinbarten Frist verkaufte er das Haus an einen anderen Interessenten.

Der Wohnort in der Großstadt, wo Maria jetzt lebte, war geheim. Und wenn sie mit dem Omnibus zum Rio das Cobras kam, war jedes Mal äußerste Vorsicht geboten. Sie durfte auf keinen Fall gesehen werden. Im Januar 1976 fuhr ich zum dritten Mal die 800 Kilometer mit dem Bus nach São Paulo. Inzwischen hatten wir ein neues Haus in Aussicht. Weil es aber beim Notariat Probleme und Ärger gab, fuhr Armando, der Hausbesitzer, mit uns zu einem anderen Notar. Dieser prüfte alle Dokumente und meinte, es sei kein Problem, das Haus direkt auf den Namen der Kinder zu überschreiben. Es müsste nur zuvor bei einem bestimmten Amt eine Gebühr bezahlt werden. Als ich am 24. Februar 1976 morgens zu diesem Amt fahren wollte, um dort die vorgeschriebene Zahlung zu tätigen, blieb mein Fahrzeug mitten im Hauptverkehr liegen. Es ließ sich nicht wieder starten. Ich bat einen Polizisten, mich anzuschieben, doch er schickte den Fahrer eines VW-Busses, der mich mit seinem Wagen anschieben sollte. Ein Wunder, dass meine hintere Stoßstange keine Beule bekam. Zum Glück fand ich in der Nähe eine Werkstatt, die den Schaden bis zum nächsten Tag beheben wollte. Doch ich musste ja um 13:00 Uhr beim Notar sein und das war in einem anderen Stadtteil. Der verständnisvolle Mechaniker begann daraufhin sofort mit der Reparatur. Noch vor der Mittagspause war mein Wagen fertig und ich konnte die Gebühr bezahlen und zum Notariat fahren. Um 16:00 Uhr waren alle Papiere fertig und der Kauf getätigt.

Dankbar konnte ich die ersten 400 Kilometer der Heimfahrt antreten. Als ich mitten in der Nacht um 2:30 Uhr in Curitiba ankam, war ich von einer anhaltenden Magen-Darmerkrankung sehr geschwächt. Aber auch glücklich über den Sieg, den der Herr geschenkt hatte. Nun musste ich nur noch rechtzeitig dem Richter in Laranjeiras die Dokumente vom Hauskauf vorlegen. Die Frist dafür war schon beinahe abgelaufen. Als der Richter alles unterschrieben hatte, brachte ich die Papiere zum Notar, der den

Verkauf bzw. den Tausch des Landes am Rio das Cobras mit dem Haus in São Paulo beurkundete.

Eine besondere Überraschung erlebten wir, als wir die Dokumente für den Landkauf durchblätterten und darin eine Originalseite aus der Missionszeitschrift der Methodistenkirche aus dem Jahre 1955 fanden. Darauf waren eine Kirche, eine Schule, eine Ambulanz und die Landwirtschaft skizziert. Ohne diese Zeichnung vorher je gesehen zu haben, standen unsere bereits errichteten sowie die geplanten Gebäude genau an der in der Missionszeitschrift eingezeichneten Stelle, so als hätten wir nach ihrem Plan gebaut! Welch ein Zufall! Oder war es nicht doch Gottes Plan, den er uns ins Herz gegeben hatte?

TEIL II

VERWANDT ALS GLAUBENSGESCHWISTER

»Ein Land, das ich dir zeigen will« – Gemeinde Jesu

Bei den nächsten beiden »Ländern«, die Gott uns zeigte, geht es um ein ganz anderes verwandtschaftliches Verhältnis, um die Gemeinde Jesu. Der Bau der Missionsstation mit all den schönen und nützlichen Gebäuden, inklusive der Kirche, war unsere Arbeit. Sie war das Ergebnis unserer Mühe und Kreativität, natürlich mit Gottes Hilfe. Es war uns bewusst, dass all das vergänglich war. Es gleicht einem Baugerüst, das nur vorübergehend Bedeutung hat und überflüssig wird, wenn der Bau fertig ist. Worum es eigentlich geht, ist das Gebäude. Es steht für die Gemeinde Jesu, die allein Gottes Werk ist und die er selbst bauen will. Zu Petrus sagte Jesus einmal: *Du bist Petrus und auf diesen Felsen will ich meine Gemeinde bauen und die Pforten der Hölle sollen sie nicht überwältigen.* (Matthäus 16,18)

»Ich will meine Gemeinde bauen« unter den Kaingang (Teil I)

In 1. Korinther 1,28 schreibt der Apostel Paulus: *Das Geringe vor der Welt und das Verachtete hat Gott erwählt, das, was nichts ist, damit er zunichtemache, was etwas ist.* Gott hatte den kleinen, verachteten Alkoholiker Pedrinho Rosario am Rio das Cobras erwählt, um durch ihn dort seine Gemeinde zu beginnen. Pedrinho heißt übrigens auf Deutsch: kleiner Petrus. Im Blick auf die Gemeinden, die unter den Kaingang entstanden sind, möchten wir mit Matthias Claudius (1740-1815) bekennen:

Wir pflügen und wir streuen den Samen auf das Land,
doch Wachstum und Gedeihen steht in des Himmels Hand:
der tut mit leisem Wehen sich mild und heimlich auf
und träuft, wenn heim wir gehen, Wuchs und Gedeihen drauf.

In den bisherigen Berichten haben wir davon erzählt, wie wir gerodet und gepflanzt haben. Im Folgenden möchten wir im Sinne des oben genannten Liedes beschreiben, was Gott getan hat. Wie Jesus Menschen das Herz öffnete und sie errettete. Wie er seine Gemeinde baute. Wie der Heilige Geist Menschen veränderte, heiligte und gebrauchte.

»In Jesus hineingehen« – Geschwister

In der kleinen Kirche auf der neuen Missionsstation hielten wir jeden Sonntag Gottesdienst. Zu Beginn der Feier waren Männer, Frauen und Kinder alle beisammen. Die Männer saßen auf der einen Seite, Frauen und Kinder nahmen auf der anderen Seite Platz. Das hatten wir nicht so vorgegeben, sondern es entsprach ihrer Kultur.

Nach dem Singen gingen die Frauen und Kinder in den Schulraum in ihre Gruppe und wurden dort von Ilsedore unterrichtet. Mit den Männern las ich das Johannesevangelium. Sonntag für Sonntag, Vers für Vers. Ich ermutigte die Männer immer wieder dazu, Fragen zu stellen, aber das waren sie nicht gewöhnt. So erklärte ich den Text mit vielen Wiederholungen. Im März 1975 waren wir fast am Ende des Evangeliums angekommen. Über Kapitel 20 steht in Kaingang die Überschrift: *»Dieses Buch wurde geschrieben, damit ihr in Jesus hineingeht.«* Und die Verse 30 und 31 aus diesem Kapitel lauten, wenn man sie zurück ins Deutsche überträgt: *Jesus hat vor ihren Augen viele Dinge getan, die sie noch nie gesehen hatten. Aber ich habe sie nicht alle aufgeschrieben. Dieses Buch habe ich geschrieben, damit alle, die von diesen Zeilen Kenntnis bekommen, in Jesus hineingehen möchten und damit sie von Jesus sagen: »Er ist der Heiland, der Sohn Gottes.« Wer von euch in ihn hineingeht, wird das Leben bekommen, das nie endet. Er wird es euch geben. Hört!*

Johannes unterstreicht im vorletzten Vers seines Berichtes noch einmal, dass er als Augenzeuge geschrieben hat und darum sein Zeugnis glaubhaft ist: *Ich bin Johannes. Ich selbst habe das al-*

les mit meinen Augen gesehen. Darum habe ich es aufgeschrieben, damit alle dieses erfahren.

Ilsedore. Am 2. April 1975 kamen Vigtar und seine Frau Santa zu uns auf die Missionsstation. Sie wohnten etwa zehn Kilometer entfernt und hatten den weiten Weg zu Fuß zurückgelegt. Medizin wollten sie nicht, auch nicht Essen oder Kleidung, und sie suchten auch keine Arbeit. Aber welches Anliegen hatten sie? Irgendwie hatte ich das Gefühl, dass die beiden etwas Besonderes wollten, und so sagte ich zu unseren Kindern: »Vigtar ist mit seiner Frau gekommen. Sie haben noch nicht gesagt, was sie möchten. Vielleicht wollen sie in Jesus hineingehen. Ich weiß nicht, wie lange wir miteinander sprechen werden. Bitte stört uns nicht. Wenn ihr Hunger habt, macht euch ein Brot.« Sie sprangen fröhlich fort und spielten.

Ich sollte mit meiner Vermutung recht haben. Aber solch eine wichtige Entscheidung brauchte Zeit. Lange saßen wir uns schweigend gegenüber. Nach einer Weile sagte Vigtar: »Wir haben schon viel von Gottes Wort gehört.« Nach einer weiteren langen Pause fuhr er fort: »Lange haben wir nachgedacht und überlegt.« Wieder folgte eine Pause. Dann kamen die Worte, auf die wir viele Jahre gewartet hatten: »Heute sind wir gekommen, wir wollen in Jesus hineingehen.«

Vigtar und Santa waren nach vielen Jahren intensiver Arbeit das erste Ehepaar, das den entscheidenden Schritt wagte, Jesus als Heiland und Herrn anzunehmen. Nachdem wir miteinander gebetet und sie ein Absagegebet von okkulten Mächten gesprochen hatten, gingen die beiden froh nach Hause. Sofort kamen auch unsere Kinder angesprungen und fragten: »Haben sie den Herrn Jesus in ihr Herz aufgenommen?« Nach unserem »Ja« freuten sie sich riesig und wir dankten gemeinsam Gott für das lang ersehnte Wunder. Bald nachdem Vigtar und Santa in Jesus hineingegangen waren, kamen weitere Ehepaare dazu. Jetzt bekamen wir geistliche Geschwister, Kaingang, die ihr Leben Jesus anvertrauten. Es kamen aber nicht nur Ehepaare, sondern auch Kinder. Da ich selbst die »Wiedergeburt« unserer Kinder miterleben durfte, wollte ich den Kaingangfrauen diese Freude nicht vorenthalten. Ich lehrte sie, wie sie auch ihre Kinder zu Jesus führen konnten. Wo es nötig war, gaben wir Hilfestellung, aber im Gottesdienst durften wir öfter erleben, wie ein Kind davon erzählte, dass es in Jesus hineingegangen war.

Walter. Bald waren es 18 Kaingang, meist Ehepaare, die in Jesus hineingegangen waren. Eine beachtliche Schar, die getauft werden wollte. Doch neben dieser Freude fehlte es auch nicht an Hindernissen und Schwierigkeiten. Erst Ende Dezember konnten wir mit einem ausführlichen Glaubenskurs, den wir Taufunterricht nannten, beginnen. Ilsedore unterrichtete die Frauen und ich die Männer. Es gehörte zu den schönsten Stunden, mit den Geschwistern zusammen zu sein, sie zu lehren und mit ihnen zu beten. Wöchentlich kamen die Taufkandidaten und lernten die wichtigsten Schritte, um ein Jünger Jesu zu werden. Dieser ausführliche Taufunterricht dauerte fast ein ganzes Jahr. Am 21. November 1976 konnte ich im Teich auf der Missionsstation, nach fast zehnjähriger Missionsarbeit, die ersten 22 Kaingang taufen. Dies war allerdings nicht die erste Taufe am Rio das Cobras. Neun Jahre zuvor war während des Sprachkurses Pedrinho mit seiner Familie am Rio das Cobras getauft worden.

Die Geburt der ersten Kaingang-Gemeinde

Am 6. November 1977 gab es am Rio das Cobras ein großes Fest, an dem Gojtéj den Kaingang das Neue Testament in ihrer Sprache feierlich übergeben konnte. Der erste und bedeutendste Kaingang, der ihr bei der Sprachforschung und Übersetzung viele Jahre treu geholfen hatte, Pedrinho Rosário, durfte dieses Fest noch miterleben. Am 22. Mai 1982 ist er im hohen Alter gestorben. Etwa zehn Jahre vor der festlichen Übergabe des NT, als wir mit der Missionsarbeit unter den Kaingang begonnen hatten, hatte Gojtéj uns gesagt, dass die Wycliff-Bibelübersetzer weltweit noch in keiner Sprache die Übersetzung des Neuen Testamentes beendet hätten, ohne dass in derselben Zeit in diesem Volk eine Gemeinde entstanden sei. Das war für uns sowohl eine Ermutigung als auch ein Hinweis auf eine lange Wartezeit. Nun erlebten wir wenige Tage nach diesem Fest die Geburt der ersten Kaingang-Gemeinde. Die Freude über diese lebendige Gemeinde unter den Indigenen war uns allen wichtiger als das Datum, an dem man später Kirchweih feiern könnte. Darum fand eine offizielle Gemeindegründung auch nie statt. Dass allerdings am Rio das Cobras eine lebendige Gemeinde existierte, zeigte sich schon wenige Monate später.

Die Wahl der ersten fünf Kofá (Gemeindeleiter)

Im Jahr 1978 war ein weiterer Heimataufenthalt in Deutschland geplant. Wenige Monate vorher, es war der 15. November 1977, in Brasilien ein Nationalfeiertag, besuchte uns eine Gruppe deutscher Posaunenbläser, die auf der Durchreise nach West-Paraná waren. Als die Musiker an einem zentralen Platz auf der Missionsstation ihre Posaunen erschallen ließen, kamen die Kaingang aus ihren Hütten und fragten uns, ob jetzt die Wiederkunft Jesu sei. Sie meinten es ernst, denn so hatten sie es in 1. Thessalonicher 4,16 gelesen: *Der Herr selbst wird vom Himmel herabkommen … und der Schall der Posaune Gottes wird gut zu hören sein …*

Als wir mit den Besuchern zusammensaßen, kam einer der ersten 22 Getauften auf mich zu, Bruder Pri. Er bat mich um den Kirchenschlüssel, weil in dem Gebäude eine Versammlung abgehalten werden sollte. Als Pri den Schlüssel in der Hand hatte, sagte er: »Du verlässt uns ja bald und wirst sehr lange weg sein. In der Apostelgeschichte haben wir gelesen, dass für die Gemeinden Älteste eingesetzt wurden. Wir wollen uns heute an diesem arbeitsfreien Tag in der Kirche versammeln und *Kofá*[10] für unsere Gemeinde wählen.«

Über diese Initiative, die der Heilige Geist den Kaingang eingegeben haben musste, konnte ich mich eigentlich nur freuen. Andererseits hatte ich fest damit gerechnet, dass sie mich zu dieser wichtigen Versammlung einladen würden. Pri war schon am Weggehen, als er sich noch einmal umdrehte und zurückkam. *Jetzt wird er mich einladen*, dachte ich so bei mir. Doch mein Bruder fragte mich nur, wie viele *Kofá* sie denn wählen sollten. Etwas enttäuscht fragte ich zurück: »Was sagt denn das Wort Gottes darüber?« Er antwortete: »Da steht keine bestimmte Zahl.« Nachdem ich ihm dann erklärte, dass es mehr als einer sein sollte, ging er zur Kirche. Den wartenden Besuchern übersetzte ich unser Gespräch. Ich war überzeugt, dass dies für die Kaingang eine kirchengeschichtlich sehr bedeutende Versammlung sein würde. Wir beteten miteinander, dass Gottes Geist unsere Geschwister bei der Wahl ihrer Gemeindeältesten leiten möge.

Gute zwei Stunden später, die Besucher waren bereits abgereist, brachte Pri den Kirchenschlüssel zurück. Ich war natürlich sehr gespannt darauf zu erfahren, wie die Wahl verlaufen war und mit welchem Ergebnis. Als Pri mir die Namen der fünf Kaingang nannte, die sie als Gemeindeälteste gewählt hatten, war mir plötzlich klar, warum Gott mich nicht hatte dabeihaben wollen. Ich selbst hätte nämlich genau diese fünf Brüder vorgeschlagen. Dann wäre es allerdings nicht ihre, sondern meine Wahl gewesen. Jetzt war ich beschämt und dankbar zugleich, dass Pri mich nicht zur Versammlung eingeladen hatte. Die Brüder, die sie gewählt hatten, waren Pri, Kufig, Pedro Barão, Tobias und Candoca.

---

[10] Die Gemeindeleiter wurden *Kofá* genannt, d. h. Alter. Auch der Ehemann wird »mein Alter« oder die Ehefrau »meine Alte« genannt. Das ist aber nicht abwertend gemeint, sondern eine respektvolle Bezeichnung für den Partner. Man spricht auch in Deutschland von Gemeindeältesten. Obwohl die *Kofá* in der Gemeinde auch Autoritäten sind, werden sie nicht »*Pa'i*« (Autoritäten) genannt. Der Häuptling und die Stammesältesten (säkulare Autoritäten) wollten diesen Titel nur für sich in Anspruch nehmen.

Die gewählten Gemeindeältesten wollten die Leitung der Gottesdienste aber erst zwei Monate später übernehmen. »Wenn ihr fort seid«, sagten sie. Mir war jedoch wichtig, dass sie gleich am nächsten Sonntag ihre Verantwortung wahrnahmen. So würde ich sie noch einige Sonntage begleiten können. Auf diesen Vorschlag gingen sie dann auch ein.

Wer waren diese ersten fünf *Kofá?* Ich will sie kurz vorstellen.

Pri, der Wortführer und Evangelist

Er wurde von Missionar Manfred Gumbel 1975 samt seiner achtköpfigen Familie, zu der seine Mutter, die Schwiegereltern, die Schwester, die Frau und die Kinder aus Queimadas zum Rio das Cobras gebracht. Hier erhoffte sich der kranke Pri Hilfe auf unserer Krankenstation. Als es ihm gesundheitlich wieder besser ging, besuchte er die Gottesdienste. Durch Gespräche mit anderen Kaingang, die bereits in Jesus hineingegangen waren, öffnete auch Pri sein Herz für Gottes Wort und ließ Jesus hinein. Die Veränderung danach spürte zuerst seine Familie. Im Laufe der Wochen kam seine ganze Familie zum Glauben. Fünf Personen aus dieser Familie waren bei der ersten Gruppe, die getauft wurden. Pri ließ keine Gelegenheit aus, um anderen von Jesus zu berichten. Er dachte natürlich auch an seine Verwandten in Queimadas. Es war seine Initiative, mit Tobias und Candoca in sein altes Heimatdorf zu fahren, um dort seinen Verwandten die gute Nachricht zu sagen. Jahre später, bei einem großen Fest mehrerer Gemeinden am Rio das Cobras, gab Pri folgenden Bericht:

> Viele entschieden sich, »in Jesus hineinzugehen«, und bildeten so schon eine Gemeinde. Aber unsere Gemeinde hatte damit noch keinen Kopf, der sie lenkte und leitete. Wir alle wissen, dass ohne Kopf nichts lebt und wächst. Auch unsere Gemeinde brauchte einen Kopf, um zu wachsen. Ich bin einer der Leiter und damit ein Teil des Kopfes. Ich wählte mich nicht selbst, aber Gott wählte mich durch

das Wort meiner Brüder in Jesus Christus. Gott schenkte mir die Gabe, von ihm zu zeugen und meine Brüder unter den Kaingang zu ermutigen. Diese Aufgabe erfüllte ich von Anfang an. Im Gottesdienst habe ich die Einleitung und leite den Gesang. Die anderen Leiter wurden entsprechend ihren Fähigkeiten ausgewählt und eingesetzt. Sie können gut das Wort Gottes lesen und anderen auslegen. Da ich das nicht konnte, war ich lange Zeit sehr traurig. Ich konnte zwar in Portugiesisch etwas lesen, aber nicht in meiner eigenen Sprache. Eines Tages entschied ich mich, ein Neues Testament in der Kaingang-Sprache zu kaufen, obwohl ich nicht lesen konnte. Ich nahm dieses Neue Testament immer mit zum Gottesdienst. Wenn eine Textstelle genannt wurde, half man mir, diese Stelle zu finden, und ich versuchte, mit Aufmerksamkeit dem Text zu folgen. Zu Hause machte ich es ähnlich. Ich sah auf diese Texte und auf einmal öffnete Gott mir den Verstand. Ich konnte lesen und verstand, was ich las. Das war ein großer Sieg für mich und unsere Gemeinde.

Ilsedore. Marica, seine Frau, konnte bereits lesen, bevor sie in Jesus hineinging. Sie lernte bald, das Wort Gottes auch in ihrer Sprache zu lesen. Gott redete zu ihr durch sein Wort und sie sprach mit ihm wie ein Kind mit seinem Vater. Sie versammelte ihre Familie, um ihr aus dem Wort Gottes vorzulesen. Pri hatte ein gutes Gedächtnis und die Gabe, das Gehörte anschaulich und praktisch weiterzugeben. So haben Marica und Pri von Anfang an gemeinsam die Arbeit für Jesus getan. Man spürte bald auch äußerlich, dass in dieser Familie vieles neu wurde. Als sie dann trotz des Verlustes ihres jüngsten Kindes den Glauben an Jesus nicht aufgaben, redete dies lauter zu ihrem Volk als alle Worte es vermocht hätten.

Marica ging aber als Christin keinen einfachen Weg, da Pri oft krank war und seine Familie nur notdürftig versorgen konnte. Marica arbeitete unermüdlich an Flechtarbeiten und rechnete beim Verkaufen mit der Hilfe Gottes. Wie oft hat sie in den Gebetsstunden Gott für seine Treue gedankt, wenn sie an der Bundesstraße den vorbeikommenden Touristen ihre Flechtarbeiten verkaufen konnte.

Nachdem Pri als Gemeindeleiter eingesetzt wurde, war sie ihm eine treue Gehilfin. Aber es bedrückte sie, dass sie ihren Mann nicht auf den Missionsreisen begleiten konnte, da ihre Kinderschar auf vier angewachsen war.

In unserer Kirche hatten wir einen Holzfußboden verlegt, der je nach Wetter oft sehr schmutzig war, und es kostete Mühe und Kraft, ihn zu wischen, zu wachsen und zu bohnern. Für diesen Holzfußboden hatten wir uns aus gutem Grund entschieden, denn die meisten Kaingang trugen keine Schuhe und ein Zementboden wäre zu kalt gewesen. Als Marica mich eines Tages sah, wie ich mit dem achtjährigen Ka'egso die Kirche putzte, hatte sie eine Idee. »Ich kann zwar nicht mit auf Missionsreise gehen, aber ich kann mit meinen Kindern die Kirche putzen. Du hast so viel andere Arbeit. Das hat der Herr Jesus mir gezeigt.« Ich war hocherfreut und dankte Gott für meine neue Mitarbeiterin.

Es war aber nicht die einzige Entlastung, die ich durch Marica bekam. Durch ihre wachsende Bibelkenntnis und ihre Gabe, andere zu verstehen, übernahm sie viele Gespräche und durfte erleben, wie zunächst ihre Kinder und danach auch andere Frauen »in Jesus hineingingen«. Sie half mir in den Kinder- und Frauenstunden und übernahm diesen Dienst, als wir später nach Curitiba umzogen. Zum Freuen war auch, dass sie dann ihre jüngere Schwester Lurdes anleitete, den Kindergottesdienst zu halten.

Als wir in Curitiba wohnten, schrieb sie mir folgenden Brief:

> Hier in unserem Dorf Vila Nova ist die Gebetsstunde der Frauen eine Freude für mich. Die Frauen sind im Glauben stark und kommen regelmäßig. Wir denken im Gebet auch an dich. Manchmal ist unser Leben schwer, aber wir tun so, als ob wir mit dem Feind kämpfen, wenn wir beten. Ich freue mich, dass ich den Frauen Gottes Wort weitersa-

gen kann. Lurdes hilft mir dabei. Denke auch an uns, denn wir haben uns schon lange nicht mehr gesehen. Darum tut es mir gut, dir zu schreiben.
Marica.

Kufig, der Seelsorger

Walter. Kufig wohnte mit seiner Familie etwa einen Kilometer von unserem Haus am Sarsé entfernt. Mit seiner ersten Frau Terna hatte er vier Kinder. Kufig war ein fleißiger Kaingang und ein guter Familienvater. Er bearbeitete die Felder, hatte Kleinvieh und Schweine, und seine Familie hatte immer genügend zu essen. Wenn eins seiner Kinder einmal krank war, brachte seine Frau sie zu uns zur Krankenbehandlung. Bald kam die Familie auch zu den Gottesdiensten. In der spannungsreichen Zeit, in der wir sehr angefeindet wurden, konnten wir Kufig zu unseren zuverlässigen Freunden zählen. Nach unserem Umzug auf die neue Missionsstation kam er mit seiner ganzen Familie in die Ambulanz und sonntags zu den Gottesdiensten.

Eines Tages fand er den Weg in mein Büro. Er wollte noch einmal ganz genau alles über Jesus wissen. Danach ging er zurück und besprach sich mit seiner Familie. Wie erstaunt und erfreut waren wir, als er am selben Abend mit seiner Frau und seiner ältesten Tochter kam. Ortência war erst 14 Jahre alt. Alle drei wollten an jenem Abend in Jesus hineingehen. Welch eine Freude. Aber der Glaube dieses Mannes sollte noch auf eine harte Probe gestellt werden.

Während unseres Deutschlandaufenthaltes 1978/79 passierte ein schreckliches Unglück. Als Kufigs Frau Terna nach dem Mittagessen Körbchen verkaufen wollte, wurde sie beim Überqueren der sehr befahrenen Bundesstraße von einem Auto überfahren und war sofort tot. Unser Mitarbeiter Reginaldo ging aufs Feld und überbrachte Kufig die schockierende Nachricht. Verwandte, die es gut mit ihm meinten, brachten Kufig hochprozentigen Schnaps aus Zuckerrohr *(Goj fa)*, um seine Trauer vergessen zu können. Das war so üblich bei den Kaingang. Doch Kufig lehnte ab: »Das brauche ich nicht mehr. Ich habe jetzt Jesus, der mir beisteht.« Danach lebte Kufig fast zwei Jahre als Witwer, allein mit seinen Kindern. Trotz seiner Trauer und der Verantwortung für seine große Familie hielt er jeden Mittwoch weiterhin in der Kirche die Bibelstunden. An einem Abend sagte er freudestrahlend: »Ich habe heute etwas Wunderschönes gelesen, das ich euch weitersagen möchte.« Er las Epheser 5,25: *Die Männer sollen ihre Frauen so lieben, wie Christus uns liebt.* Das war neu für Kufig und die anderen Männer. Anderthalb Jahre später schenkte Gott ihm eine treue Frau, die ihn in seinem Dienst unterstützte. Kufig war ein Seelsorger. Viele wurden durch ihn ermutigt, auch aus anderen Gemeinden. Er war selten mit unterwegs auf Missionsreisen, aber am Rio das Cobras tat er Jahrzehnte treu seinen ehrenamtlichen Dienst als Gemeindeleiter.

Candoca, der Lehrer

Candoca wohnte ganz in der Nähe unseres Hauses am Sarsé. Er kam oft zu uns. Schon als Junge interessierte er sich für die Bilderbücher, die wir hatten. Bald lernte er auch Lesen. Er war besonders begabt. Als Gojtéj in Guarita die Schule für zweisprachige Lehrer begann, nahm sie Candoca mit in die Ausbildung auf. Leider musste er die Schule zunächst abbrechen, weil der Häuptling ihm die Teilnahme verbot. Später beendete er die Ausbildung bei Reginaldo und konnte als zweisprachiger Lehrer arbeiten. Er war offen für das Wort Gottes und ging 1976 in Jesus hinein. Bei dem großen Fest der Übergabe des NT-Guaraní am 1. November 1987 am Rio das Cobras gab er vor der versammelten Festgemeinde folgenden Bericht:

> »Das Neue Testament wurde uns vor zehn Jahren in unserer Kaingang-Sprache übergeben. Das war für uns von großem Gewinn und Nutzen. Durch dieses Buch lernten wir den Herrn Jesus richtig kennen. Mit diesem Werkzeug konnten wir auch viele Kaingang für Jesus gewinnen. Wenn man das

Wort Gottes in seiner eigenen Sprache hört, versteht man die Bedeutung besser. Ich selbst half der Übersetzerin Dr. Ursula Wiesemann als Sprachhelfer bei der Übersetzung unseres Neuen Testaments. Durch diese Mitarbeit lernte ich selbst Jesus als meinen persönlichen Herrn und Retter kennen. Darüber hinaus bekam ich eine Aufgabe, die ich selbst als sehr wichtig einschätze. Durch die Ausbildung bei ihr wurde ich nämlich zweisprachiger Lehrer. Zu meinen Aufgaben gehört es, Kinder in unserer Stammessprache zu unterrichten. Dies ist sehr wichtig für sie, denn wenn sie die Bibel in ihrer Sprache in der Hand haben, können sie sie auch lesen und verstehen. Ich bin sehr zufrieden und in meiner Arbeit ermutigt. Gott hat mir diese Aufgabe gegeben.«

Pedro Barão, der Missionar

Pedro wohnte 20 Kilometer von Sarsé entfernt. Trotz der großen Entfernung kam er mit seiner Familie zu Fuß zu den Gottesdiensten. Sie nahmen die gute Botschaft in ihr Herz auf. Pedro und seine Frau Maria da Luz gingen in Jesus hinein und nahmen am Taufunterricht teil. Pedro war nicht damit zufrieden, dass er gerettet war, er wollte, dass auch in seinem Dorf Gottesdienste gehalten wurden. Mit dem Geländewagen konnten wir bis zu seinem Dorf fahren. Zuerst öffnete er uns sein Haus und wir hielten dort Gottesdienste ab. Bald überraschte er uns mit einem neuen Haus, das er mithilfe seiner Brüder neben seinem errichtet hatte. Pedro sagte: »Dieses Haus habe ich für Gott gebaut. Darin soll niemand wohnen, sondern hier werden wir nur Gottes Wort hören und ihm unsere neuen Lieder singen.« Für uns war das nichts anderes als eine Kirche und so wurde das Haus auch genannt. Pedro hat mit seiner Familie wie kein anderer Kaingang in mehreren Reservaten gewohnt. Sie arbeiteten als Missionare in Marrecas, in Ivaí, in Faxinal und zuletzt in Boa Vista. Viele Kaingang bezeugen, dass sie durch seinen Dienst in Jesus hineingegangen sind.

Tobias, der Gemeindegründer

Tobias kam 1975 wegen seines kranken Auges in die Ambulanz der neuen Missionsstation und wohnte mit seiner Familie in einer der Krankenhütten. Dort wurde er von seinen Verwandten und von gläubigen Kaingang besucht. Sein linkes Auge war von einem Glaukom befallen und er bangte um seine Sehkraft. Als er zu den Gottesdiensten kam und die Botschaft hörte, fragte er mich eines Tages, ob Jesus sein Auge gesund machen würde, wenn er in Jesus hineinginge. Das konnte ich ihm nicht versprechen. Aber etwas anderes: dass Jesus ihm seine Sünden vergeben werde, wenn er ihn bittet, und dass er im Himmel einen neuen Leib mit neuen Augen bekommen werde. »Außerdem ist es besser, mit einem Auge in den Himmel zu gehen als mit zwei gesunden Augen in die Hölle«, sagte ich ihm.

Es dauerte nicht sehr lange, bis auch Tobias und seine Frau Vãté in Jesus hineingingen. Sein krankes Auge wurde nicht gesund, sondern es trocknete aus und der Anblick war nicht schön. Aus diesem Grund trug er dann auch meistens eine Sonnenbrille. Ganz gesund wurde Tobias nie. Aber Gott gab ihm noch mehr als 30 Jahre, in denen er und Vãté geistlich sehr gewachsen sind. Zuerst wurden sie unsere Mitarbeiter, später dann sogar Missionarskollegen.

Als Tobias im November 1985 von einer Reise nach Queimadas zurückkam, schüttete er sein Herz vor mir aus. Er las mir 1. Korinther 3,6 vor und sagte: »Zusammen mit Pri haben wir in Queimadas Gottes Wort gesät. Doch nach uns kommt niemand dorthin, um die Pflanzen zu begießen. Paulus hat nicht allein gearbeitet. Apollo hat einen guten Dienst getan. Mit Pri haben wir in vielen Reservaten Gottes Wort ausgesät. Wenn wir kommen, freuen sich die Christen. Aber wenn wir wieder weg sind, gehen sie tanzen und trinken *Goj fa*. Es fehlt jemand wie Apollo, der sie begleitet. Lass uns für solche Mitarbeiter beten.« Diesen Gedanken bewegte Tobias und er redete mit Jesus darüber. Über die Antwort, die er von Jesus bekam, berichten wir später.

Von Queimadas sind es nur 130 Kilometer bis nach Apucaraninha. Tobias begleitete uns bei vielen Besuchen in dieses Reservat. Manchmal fuhr er auch ohne uns mit dem Omnibus nach Apucaraninha. Es war seine erste Außenstation. Als er erfuhr, dass im Reservat Marrecas seine Tochter Garignãn in Jesus hineingegangen war, besuchte er sie und begann damit, in ihrem Haus Gottesdienste zu halten. Auch im Reservat Faxinal war er tätig. Als dort später eine Gemeinde gegründet wurde, war Tobias indirekt daran beteiligt. Mehrere Gemeindeleiter bezeugten, dass Tobias auch ihr Lehrer gewesen sei, von dem sie viel für ihren Dienst gelernt hätten.

Ilsedore. Bevor Tobias Christ wurde, war seine Frau Vãté eine von vielen, die unter der Trunksucht ihres Mannes litt und ein schweres Los hatte. Wenn er ein wenig Geld hatte, gab er es für *Goj fá* aus und wurde daraufhin vom Häuptling eingesperrt. Nachts musste er ohne Feuer im Gefängnis schlafen und tagsüber kostenlos für den Häuptling oder den *Chefe* arbeiten. Wenn er – meistens nach zehn Tagen – wieder frei war, begann alles wieder von vorne. Eines Tages kam Vãté ganz aufgeregt zu uns und erzählte uns, dass ihr Mann schon seit Wochen in Curitiba im Krankenhaus sei und sie keine Nachricht habe, wie es ihm geht. Und nun habe ihr eine Schamanin gesagt, er werde dort ganz allein sterben und sie werde ihn nicht mehr sehen. Daraufhin bat sie meinen Mann darum, Tobias zu besuchen, wenn er das nächste Mal wieder nach Curitiba fuhr. Walter konnte ihr diese Bitte erfüllen und bald darauf kam Tobias nach Hause.

Nach diesem Erlebnis kam Vãté auch mit ihren beiden kranken Kindern zu uns und bat um Medizin. Als sie schließlich mit ihrem Mann in Jesus hineinging, gehörte sie zur ersten Gruppe der Täuflinge. Vãté konnte nicht lesen, aber sie nahm das Gehörte schnell auf und gab es an andere Kaingangfrauen weiter. Später, als ich in der Krankenstation vorübergehend die Verantwortung übernahm, wurde Vãté eine tüchtige Helferin, die mir bei allen anfallenden Arbeiten zur Hand ging. Sie lernte neben der Putzarbeit auch, kleine Wunden zu verbinden oder mir die Krankheit der Patienten zu erklären, weil sie mit der Denkweise der Kaingang besser vertraut war. Oft baten wir Jesus gemeinsam um Hilfe und wir durften immer wieder erleben, wie Todkranke gesund wurden. Sie stand auch in der Gemeindearbeit ihrem Mann treu zur Seite.

Die Einsegnung der ersten Kofá und ihre Abschiedsworte

Walter. Gleich am 20. November 1977 hielten die *Kofá* ihren ersten Gottesdienst. Alle fünf predigten nacheinander. Sie hatten beschlossen, dass die Frauen zusammen mit den Männern im Gottesdienst bleiben sollten, da Ilsedore für die Kinder- und Frauenstunden während unseres Heimataufenthaltes zunächst keine Nachfolgerin gefunden hatte. An diesem Tag waren wir die glücklichen Zuhörer!

Der Tag unserer Abreise nach Deutschland rückte immer näher. Am Samstag, den 21. Januar 1978 machten wir es, wie es in Apostelgeschichte 14,23 berichtet wird: *Und sie setzten in jeder Gemeinde Älteste ein, beteten und fasteten und befahlen sie dem Herrn, an den sie gläubig geworden waren.* Wir fasteten und am Abend feierten wir einen Abendmahlsgottesdienst, bei dem ich Brot und Traubensaft austeilte. Am Sonntagmorgen setzte ich im Gottesdienst die fünf *Kofá* als Gemeindeleiter ein und segnete sie zu ihrem Dienst.

Danach verabschiedeten wir uns von ihnen mit den mahnenden Worten des Paulus in Apostelgeschichte 20,28-32: *So habt nun acht auf euch selbst und auf die ganze Herde, in der euch der Heilige Geist eingesetzt hat zu Bischöfen, zu weiden die Gemeinde Gottes, die er durch sein eigenes Blut erworben hat. Denn das weiß ich, dass nach meinem Abschied reißende Wölfe zu euch kommen, die die Herde nicht verschonen werden. Auch aus eurer Mitte werden Männer aufstehen, die Verkehrtes lehren, um die Jünger an sich zu ziehen. Darum seid wachsam und denkt daran, dass ich drei Jahre lang Tag und Nacht nicht abgelassen habe, einen jeden unter Tränen zu ermahnen. Und nun befehle ich euch Gott und dem Wort seiner Gnade, der da mächtig ist, euch zu erbauen und euch das Erbe zu geben mit allen, die geheiligt sind.*

Die Gemeindeleiter ihrerseits überreichten uns ein Poesiealbum mit Bibelversen, Segenswünschen und Dankesworten. Diese sollten uns an sie erinnern, wenn wir »weit weg über dem großen Wasser waren, das kein Ende hat«. Es waren nur zehn eigenhändig geschriebene Einträge. Für uns waren es Kostbarkeiten, wenn man bedenkt, dass damals erst wenige Erwachsene lesen konnten. Schreiben konnten noch weniger.

Als Einleitung schrieben sie: »Fár und Kitóg, wir sind eure Geschwister hier am Rio das Cobras. Darum schreiben wir die Erinnerung als Andenken. Dies schreiben wir euch aus Dankbarkeit für all das, was ihr getan habt. Ihr habt uns Gottes Wort gesagt und gelehrt, dass wir Jünger Jesu werden.« Dann folgten mehrere persönliche Grüße:

> »Für Fár und Kitóg. Als eine echte Erinnerung schreiben wir euch einen Bibelvers, den wir für euch ausgesucht haben: *Hör zu, mein Herz strahlt vor Freude für das, was ihr mir gegeben habt. So kann ich gut mit Gott reden und ihm gute Worte sagen.*
>
> Gott behüte euch, er begleite euch.
> Candoca Tãnhprág Fidencio-fag.«

> »Fár-fag. Wir sind euch gut. Wir haben für euch in der Bibel einen Vers ausgesucht: *Gott und sein Jykre werden niemals vergehen. Himmel und Erde werden vergehen, aber sein Jykre wird fortbestehen.* (Lukas 21,33) Gott möge euch behüten. Pri und Marica-fag schreiben das.«

> »Meine Verwandten! *Erwartet geduldig die Ankunft unseres Herrn. Im Gegensatz zu den anderen. Das tut in eurem Alltag.* Aus der Bibel haben wir dieses Wort ausgesucht.
> Tánhter und Carmelita haben euch das geschrieben, dem Fár und der Kitóg-fi. Gott möge euch behüten, euch alle.«

»Den Fár-fag! Wir wollen euch eine Erinnerung schreiben. In der Bibel haben wir den Vers ausgesucht: *Ihr habt eine gute Arbeit geleistet. Zu ihm seid ihr sehr gut. Ihr habt auch das, was ihm gehört, gut behütet. Das sieht Gott, eure gute Arbeit. Er wird das auf keinen Fall übersehen oder vergessen! Gott macht niemals ein krummes Jykre.* Hebräer 6,10.
Gott behüte euch, euch alle.
Tobias und Vãté-fag.«

»Fár-fag. Wir geben euch auch eine Erinnerung mit. Aus der Bibel haben wir den Vers von Hebräer 13,8 ausgesucht: *Jesus Christus ist nicht tot. Was er vor langer Zeit geplant hat, genau das führt er heute aus. Und er tut es wieder und wieder. Etwas Komisches oder Unrechtes wird er nicht tun. Er wird am ›Tag ohne Ende‹ noch sein.* Gott möge euch gut behüten. Nofẽr und Kufẽn.«
(unsere Kollegen, Reginaldo und Doralice Ulrich bekamen von den Kaingang diese Namen)

Außer diesem kurzen Gruß, den unser Vertreter Reginaldo in Kaingang in das Poesiealbum geschrieben hatte, gab er uns noch ein ermutigendes Wort zum Abschied mit auf die Reise: *Und siehe, ich bin mit dir und will dich behüten, wo du hinziehst, und will dich wieder herbringen in dies Land. Denn ich will dich nicht verlassen, bis ich alles tue, was ich dir zugesagt habe.* (1. Mose 28,15)

Wie wichtig diese Verheißung für uns sein würde, erfuhren wir kurze Zeit später.

Als wir uns auf den zweiten Deutschlandaufenthalt vorbereiteten, lebten wir auf der neuen Missionsstation. Für die Krankenbehandlung und die Schule hatten wir tüchtige Mitarbeiter. Für die Gemeinde hatte Gott sogar fünf Gemeindeleiter berufen. Auf der neuen Missionsstation war ein beachtliches landwirtschaftliches Hilfsprogramm angelaufen. Das erforderte eine erfahrene und mutige Person als Vertretung. Für diese Aufgabe stellte sich Renê Ernst zur Verfügung. Mitte Januar 1978 kam er mit seiner

Frau Anneliese und ihren drei Kindern. Mit Renê war das Team in allen Bereichen komplett. So konnten wir die Station getrost für ein ganzes Jahr in guten Händen zurücklassen. Am 24. Januar erlebten wir einen bewegenden Abschied, sowohl von unseren Mitarbeitern als auch von den Kaingang. Aber bald sollten wir eine schockierende Nachricht erhalten.

UNSER ZWEITER DEUTSCHLAND-AUFENTHALT 1978/79

Dieses Mal konnten wir in den deutschen Gemeinden von Frucht berichten. Wir hatten Geschwister und auch Mitarbeiter bekommen! Unsere Freude über das Erlebte war groß. Als Bibeltext setzten wir die Verse 5 und 6 aus Psalm 126 über unsere Berichte: *Die mit Tränen säen, werden mit Freuden ernten. Sie gehen hin und weinen und streuen ihren Samen und kommen mit Freuden und bringen ihre Garben.*

Diese Freude konnten wir unseren Missionsfreunden mit einem selbst gedrehten Film veranschaulichen. Nach 13 Jahren Missionsdienst unter den Kaingang hatte die Zeit der Erntefreude begonnen. Hatten wir im ersten Deutschlandaufenthalt in den Gemeinden gesagt: »Wir leben noch und wir gehen wieder nach Brasilien zu den Kaingang«, konnten wir diesmal voller Dank berichten: »Der Herr hat die erste Gemeinde am Rio das Cobras gegründet!«

Durch unsere Missionsvorträge und Berichte waren wir in Gedanken täglich in Brasilien. Aber neben der Erntefreude hatten wir auch berechtigte Sorgen. Wie würde sich die junge Gemeinde ohne unseren Beistand entwickeln?

DAS MILITÄR SCHLIESST DIE MISSIONSSTATION

Am 3. März 1978 schrieb der damalige Missionsinspektor der Marburger Brasilienmission Werner Kretschmar an die Werkleitung des DGD, an alle Mutterhäuser und das Brüderhaus TABOR folgende Mitteilung:

Betrifft Missionsarbeit Rio das Cobras.
1. Am 2. März vormittags erreichte uns eine telefonische Nachricht von Missionar Christian Kahl aus Brasilien, dass die Missionsarbeit am Rio das Cobras in Gefahr sei.
2. Am 2. März konnte Walter Hery mit Renê Ernst, der z. Zt. die Verantwortung am Rio das Cobras innehat, ein Telefongespräch führen. Demnach hat sich Folgendes ereignet: Am Samstag, den 25. Februar erschien General Ismarth, Präsident der *FUNAI,* mit einer Militärabteilung im Reservat am Rio das Cobras. Auf seine Anweisung hin wurden alle im Reservat ansässigen Nicht-Indigene aus dem Reservat ausgewiesen.
Unsere Mitarbeiter Renê Ernst und Reginaldo Ulrich fuhren zum Posto ins Reservat, um den General einzuladen, unsere Missionsstation kennenzulernen. Auf ihre Einladung hin erhielten sie keine Antwort.
Wenige Tage später erschien Militär auf der Missionsstation. Auf ihre Anordnung hin mussten alle z. Zt. dort befindlichen Kaingang (Kranke und Arbeitende) die Missionsstation verlassen. Es wurde ihnen das Betreten der Missionsstation verboten. Darüber hinaus wurde der Mission verboten, das Reservat zu betreten, die Schularbeit weiterzuführen, Kranke zu behandeln, selbst wenn sie sterbend vor der Tür lägen. Auf die Mitarbeiter der Mission würde geschossen werden, falls sie das Verbot missachten sollten und das Gebiet der Kaingang betraten.
Der Mission wurde mitgeteilt, dass sie demnächst aus Brasília eine schriftliche Erklärung zu diesem Vorgang zu erwarten hätte.
3. Aufgrund dieser Vorgänge ist die Missionsarbeit am Rio das Cobras z. Zt. unmöglich. In der kommenden Woche erwarten wir weitere Nachrichten aus Brasilien.

Wir sind sehr bewegt über diese Ereignisse und rufen alle Beter zu ernster Fürbitte auf. Gott kann die verschlossenen Türen wieder öffnen und die noch junge Kaingang-Gemeinde in diesem Sturm festigen und bewahren.
Mit herzlichen Grüßen, besonders von Geschwister Hery und Schwester Ingeborg,
Ihr Werner Kretschmar.

Die vom Präsidenten der *FUNAI* angekündigte schriftliche Mitteilung erhielt unsere Missionsleitung in Brasilien am 8. März. Als Begründung für die Schließung der Missionsstation war angeführt, dass »das eingefleischte Fehlverhalten der Mission keine andere Möglichkeit erlaubt, als den Vertrag zu beenden.«

Im September teilte mir die Missionsleitung mit, dass der Präsident der *FUNAI*, General Ismarth, sich bereit erklärt habe, dem Präsidenten unseres brasilianischen Kirchenverbandes, Pastor Walter Kelm, und mir im Oktober eine Audienz zu gewähren. Darum sollte ich vom 17. bis 27. Oktober 1978 nach Brasilien fliegen.

Obwohl die Missionsstation für die indigene Bevölkerung offiziell geschlossen war, fand inzwischen die Schule auf Bitten der Kaingang wieder statt. Die Gemeindeältesten erbaten den Kirchenschlüssel und versammelten sich wieder in der Kirche. Ich flog im Herbst nach Brasilien und konnte am 22. Oktober einen kurzen Besuch am Rio das Cobras machen. Im Gottesdienst berichteten drei Kaingang-Brüder von ihrer ersten Missionsreise in andere Reservate. Bevor sie aufbrachen, waren sie am Sonntag unter Handauflegung von den Ältesten verabschiedet worden. Das hatten sie in Eigenverantwortlichkeit getan, auf Anregung des Heiligen Geistes, wie sie sagten. Eine ganz große Freude und Dankbarkeit erfüllte mein Herz an diesem Tag. Der Herr tat Großes unter den Kaingang und würde sein Werk fortführen. Wir freuten uns auf das Wieder-dabei-sein-dürfen im kommenden Jahr und hatten das Gefühl: Jesus steht als Held am Werk und wir schauen staunend zu.

Missionar Kelm und ich waren dann am 27. Oktober in Brasília beim Präsidenten der *FUNAI*. Die Audienz und der Austausch waren sehr positiv. Es gelang uns, Missverständnisse aufzuklären, sodass der General bereit war, unseren Vertrag sofort zu erneuern. Als er jedoch hörte, dass ich von Deutschland nur für diese Audienz gekommen war und dort erst meinen Dienst beenden müsste, sagte er: »Dann warten wir bis zu Ihrer Rückkehr zum Rio das Cobras.« Doch dazu kam es nicht mehr, denn kurz nach unserer Rückkehr im Februar 1979 hatte die *FUNAI* bereits einen neuen Präsidenten. Die Krankenstation, das Hilfsprojekt »Landwirtschaftsschule für Indigene« und die landwirtschaftliche Starthilfe im Reservat blieben weiterhin geschlossen. Nur die Kirche und die Schule nahmen ihre Aktivitäten auf Initiative der Kaingang wieder auf.

Als wir uns dann als Familie nach einem Jahr Deutschlandaufenthalt wieder auf den Weg nach Brasilien machten, bekamen wir von Gott die Verheißung: *Denn mir ist eine große Tür aufgetan, die viel Frucht wirkt, und sind viel Widersacher da.* (1. Korinther 16,9)

Diese Zusage – eine offene Tür und viele Widersacher – erlebten und erlitten wir in den folgenden Jahrzehnten mehrfach und auf vielfältige Weise.

Unser dritter Term

Unser Kollege Reginaldo, der mich während unseres Deutschlandaufenthaltes vertreten hatte, berichtete uns, dass ihn nach der Schließung der Schule einige Eltern gebeten hatten, ihren Kindern doch wieder Unterricht zu erteilen. Er hatte ihnen vorgeschlagen, eine Elternversammlung einzuberufen und das Votum der Eltern einzuholen. Das war eindeutig und so hatte er daraufhin den Unterricht wieder aufgenommen. Polizei war keine gekommen und eingesperrt worden war auch niemand.

Reginaldo berichtete uns auch, dass sich die Gemeinde an den ersten vier Sonntagen in Häusern versammelt hatte. Danach hatten die mutigen Gemeindeältesten von ihm den Kirchenschlüssel erbeten. Die Gemeinde hatte sich in der Kirche versammelt und es war regelmäßig Gottesdienst und Bibelstunde gehalten worden. Niemand hatte sie belästigt, aber Gott hatte sie ermutigt.

Durch diese Feuerprobe waren sie geistlich gewachsen. Was böse gedacht gewesen war, hatte Gott ins Positive umgekehrt. Pri brachte mir den Schlüssel von der Kirche zurück und ich ließ sofort einen Nachschlüssel anfertigen. Dann übergab ich Pri den originalen Kirchenschlüssel mit den Worten: »Dies ist euer Schlüssel von eurer Kirche.« Obwohl die Kirche auf dem Missionsgelände stand, nannten die Kaingang fortan das Gebäude mit Recht »ihre« Kirche.

Das *Ambulatório* konnte allerdings nicht geöffnet werden, denn Familie Baldzer war in eine andere Missionsarbeit versetzt worden. Auch die beiden landwirtschaftlichen Projekte waren von der Schließung betroffen.

Ilsedore. Die ersten Wochen waren für mich die allerschwersten bisher am Rio das Cobras. Der Feind wollte das im vergangenen Jahr eingenommene Land unter keinen Umständen wieder hergeben. Es war ein ungewöhnlich harter Kampf, aber der Sieg sollte unserem Herrn Jesus Christus gehören.

Wir freuten uns zwar über das Gemeindeleben, aber irgendetwas lag in der Luft. Tánhter erzählte mir, dass viele Kaingang behaupteten, sie wüssten jetzt, woher wir unsere Kraft hätten. Wir erfuhren dann, dass behauptet wurde, wir würden mit den Geistern essen. Aber wie war dieses Gerücht aufgekommen? Zunächst hatten wir keine Erklärung. Aber das sollte sich schnell ändern.

Im Wald auf unserem Gelände hatten wir einen kleinen Wasserfall entdeckt. Dorthin konnten wir, besonders wenn es warm war, mit unseren Kindern mal verschwinden und ganz für uns sein. Wir nahmen Decken und Essen mit und machten ein Picknick. Das waren für die Familie besondere Momente der Freude, weil wir uns eben unbeobachtet fühlten. Diese Ausflüge waren unser Geheimnis. Natürlich hatten wir Renê Ernst davon erzählt.

Auch für sie wurde diese Stelle zu einem Zufluchtsort, wo sie einmal ungestört waren. Doch anders als wir stellten sie dort Tische und Bänke auf und verschönerten sich den Platz.

Als Indios in der Nähe des Wasserfalls Rodungen vornehmen sollten, entdeckten sie unseren Picknickplatz. Für die Kaingang ist ein Wasserfall der Ort, wo die Geister wohnen. Da nun Tisch und Bänke dort standen, gingen sie davon aus, dass wir mit den Geistern aßen. Diese Angelegenheit brachte während unserer Abwesenheit viel Unruhe in die Gemeinde. Nach dem Gespräch mit Tánhter bauten wir sofort Tisch und Bänke ab und gingen auch nicht mehr an diesen Ort. Zu Tánhter sagte ich: »So etwas musst du mir sagen. Das hat meine Mutter mir nicht beigebracht. Ich hatte das Vorrecht, von klein auf Jesus zu kennen.« So habe ich von Tánhter viel über Kultur und Denken der Kaingang gelernt und wir konnten dieses Problem schnell lösen.

Was die Wiedereröffnung der Ambulanz betraf, hatten auch während unseres Heimataufenthalts viele Menschen dafür gebetet, dass Gott die Tür wieder öffnet. Schon in Deutschland hatte ich die Befürchtung, die Kaingang würden mir gar nicht abnehmen, dass ich ihnen nicht helfen könne, wenn sie zu uns kommen würden. Und so war es dann auch.

Wir waren gerade erst aus Deutschland zurückgekommen und unsere Koffer waren noch nicht ausgepackt – auf das große Gepäck, das mit dem Schiff kam, warteten wir noch –, als Maria erregt in unser Haus kam. In ihren Armen lag ihr elfjähriger Sohn, der nur ganz schlecht Luft bekam. Hohes Fieber begleitete die Lungenentzündung. Carlito war schon lange Zeit ein Spielgefährte und Freund von Ka'egso. »Du wirst ihn doch nicht sterben lassen?«, fragte mein Sohn mich mit entsetzten Augen. »Nein«, antwortete ich ihm. »Wir werden alles tun, um Carlito zu retten.« Carlito hatte eine schwere Lungenentzündung, die wir ambulant in unserer Wohnung behandeln konnten, ohne das *Ambulatório* öffnen zu müssen, da er ganz in unserer Nähe wohnte.

Wir wussten natürlich, dass es Schwierigkeiten mit dem *Chefe* und dem Häuptling geben würde. Da wir als Familie im Missionsdienst standen, hielten wir am Abend Familienrat. Wir waren uns einig darin, dass ich wieder, wie vor Jahren am Sarsé, die Krankenarbeit übernehmen sollte. Jeder war bereit, sich im Haushalt einzubringen und nicht zu meckern, wenn das Essen nicht wie gewohnt auf dem Tisch stand, wenn sie hungrig aus der Schule kamen. Morgens würden die Kinder allein aufstehen, wenn ich wegen einer Geburt oder sonst einem Notfall die Nacht über fort sein würde und am Morgen noch nicht zurück wäre. An dieses Versprechen hielten sich unsere Kinder. Da ich damals noch nicht Auto fuhr, war Walter meist mein Chauffeur. Das konnte auch bedeuten, dass wir die Kinder eine Zeit allein lassen mussten.

Am nächsten Morgen lasen wir in der Losung das Wort aus Jakobus 4,17: *Wer nun weiß, Gutes zu tun, und tut's nicht, dem ist's Sünde.* Wir sahen darin eine Bestätigung Gottes für unseren Dienst. Als wir danach aus dem Fenster schauten, wurden wir wieder mit der Realität konfrontiert: Zwei Polizisten gingen mit ihren Holzknüppeln vor unserem Haus auf und ab, und erst als es dunkel wurde, verließen sie das Gelände wieder. Es dauerte jedoch nicht lange, bis jemand vor unserer Tür klatschte. Ein Vater war gekommen und flüchtete sich schnell in unser Haus, als wir die Tür öffneten. Sein Kind war krank und er brauchte unbedingt Hilfe. Am Vormittag hatte ich einige Medikamente in unsere Wohnung geholt und so konnte ich den Sohn behandeln, ohne dafür das Haus zu verlassen. Ich fing eine neue Kartei an, in der ich Name und Medizin vermerkte. Die Flüsterpropaganda funktionierte bei den Kaingang hervorragend. In den nächsten Tagen kamen immer mehr Indios mit ihren Kranken. Tagsüber war die Polizei auf unserem Gelände und bei Dunkelheit kamen die Kranken. Wir staunten nicht schlecht, als selbst Polizisten am Abend Hilfe suchten. So wussten wir, dass die Kaingang auf unserer Seite waren und sich nur aus Angst vor dem Häuptling und dem *Chefe* so verhielten.

Eines Tages besuchte uns Dr. Felipe, unser Freund und verantwortlicher Arzt für die Krankenstation, um zu sehen, wie es uns ging. Er wusste um die Schwierigkeiten und stand uns wie in all den Jahren vorher treu zur Seite. Die Kaingang hatten bemerkt, dass er bei uns zu Besuch war, und so dauerte es nicht lange, bis Sebastião, einer der verantwortlichen Polizisten vorbeikam und mit dem Arzt sprechen wollte. »Meine Frau hat ein dickes Geschwür am Oberschenkel, ich brauche deine Hilfe«, sagte er. – »Du musst sie herbringen, damit ich es mir anschauen kann«, antwortete ihm Dr. Felipe. – »Sie kann aber nicht laufen, du musst ihr helfen«, bat Sebastião. Als Dr. Felipe hörte, dass die Frau gar nicht weit entfernt von der Missionsstation wohnte, war er bereit, dort einen Hausbesuch zu machen. Ich sagte ihm, dass wir das Reservat aber nicht betreten dürften. Es wurde sogar damit gedroht, dass man auf uns schießen würde, wenn wir es trotzdem wagten. Doch Dr. Felipe ließ sich nicht aufhalten und so folgte ich ihm mit klopfendem Herzen. Als wir die jammernde Frau in ihrer Hütte auf dem Boden liegen sahen, wussten wir, dass Hilfe nötig war. Dr. Felipe schaute sich das Geschwür an und sagte zu ihrem Mann: »Ich kann das Geschwür erst in drei Tagen öffnen. Dazu muss der Fár sie allerdings ins Krankenhaus bringen. Ich tue das aber nur, wenn du mit ihr zur Nachbehandlung in einer Krankenhütte auf der Missionsstation bleibst, bis alles verheilt ist.« Sebastião, der seine Frau nicht verlieren wollte, stimmte dem zu. Er gehörte zu den Stammesältesten und so kam es, dass auch andere furchtlos seinem Beispiel folgten. Auf diese Weise wurde eine Krankenhütte nach der anderen wieder belegt. Fortan behandelte ich die Kaingang wieder im *Ambulatório* und nicht mehr in unserer Wohnung.

Eine Woche später kam der Krankenpfleger vom Posto. Als wir ihn sahen, wollte uns schon der Mut sinken, aber wir wussten, dass das, was wir taten, in Gottes Augen richtig war. Er kam sofort auf sein Anliegen zu sprechen und sagte, er habe gehört, dass Indios wieder im *Ambulatório* behandelt würden. Ich solle ihm ihre Namen sagen. Als ich ihn fragte, ob er einen Zettel mitgebracht habe, um die Namen aufzuschreiben, meinte er, das sei nicht nötig, denn er würde sich die paar Namen merken können. Als ich ihm dann die Krankenkartei mit den Namen zeigte, waren es in dieser kurzen Zeit schon mehr als 80 Kaingang, die zur Behandlung gekommen waren. Daraufhin lenkte er ein und meinte, es sei nicht so wichtig.

Im Gottesdienst am folgenden Sonntagmorgen dankten wir Gott für seine große Hilfe, die wir von ihm empfangen hatten. Als der Gottesdienst fast zu Ende war, kam ein Kaingang aufgeregt in die Kirche und berichtete, dass am nächsten Tag Polizisten kämen und alle Kaingang von der Missionsstation abholen würden. Daraufhin machte sich die Angst breit. Aber alles war so anders als früher, als wir unter den Kaingang noch keine »Geschwister« hatten. Gemeinsam baten wir Gott um Weisheit, damit wir das Richtige taten. Dass Walter ausgerechnet am nächsten Tag nach Santos zu der 800 Kilometer entfernten Hafenstadt fahren musste, weil inzwischen unsere Seefracht angekommen war, bedrückte mich ganz besonders. Jeder Tag, den das Gepäck länger dort lagerte, kostete Gebühren. Wegen des Gottesdienstes hatte er die Fahrt auf Montag verschoben. Ich versprach den Kaingang, schon früh am nächsten Tag zur Ambulanz zu kommen. Dann wollten wir beten und abwarten, was geschehen würde.

Am nächsten Morgen, ich war kaum auf der Krankenstation, versammelten sich die Kaingang um mich herum wie um eine Glucke, so als ob ich sie beschützen könnte. Dabei war mir selbst bange ums Herz. Vãtẽ, meine treue Helferin bei der Krankenbehandlung, und andere treue Geschwister suchten mit mir Kraft im Gebet. Wir wussten, dass nur Gott uns in dieser Situation helfen konnte. Walter hatte mir zum Abschied gesagt: »Mach alles so weiter, bis ich wiederkomme.«

Schon bald kam eine Gruppe Polizisten, vom Häuptling geschickt, um alle, die zurzeit in den Krankenhütten waren, zum *Posto* zu bringen. Es sollte eine Versammlung geben. Ich erwiderte ihnen, dass sie die Männer gerne mitnehmen könnten, aber die Frauen mit ihren kranken Kindern müssten auf der Station bleiben. Außerdem habe »mein Alter« mir befohlen, alles weiter so zu tun, bis er wiederkomme. Solch eine Erklärung ist für die Kaingang stichhaltig. So zogen sie unverrichteter Dinge wieder ab.

Wir dankten Gott und fuhren mit der Behandlung der Kranken fort. Aber es dauerte nicht lange, bis andere Indios mit demselben Auftrag kamen. Erneut konnte ich ihnen meine Argumente vortragen und es kam nicht zu der befürchteten Abführung der Kranken. Als dann eine dritte Gruppe kam, befolgten sie meinen Vorschlag und nahmen nur die Männer mit.

Gespannt warteten wir, was nun geschehen würde. Am Spätnachmittag kamen die Männer freudig zurück und brachten die Nachricht, dass sie weiter auf der Missionsstation behandelt werden könnten, so wie früher. Am Ende wusste keiner recht zu sagen, wozu diese Versammlung einberufen worden war. Ich konnte nur innerlich beten: *Wie groß ist des Allmächt'gen Güte.* Manchmal benutzt der Teufel eben auch Gerüchte, nur um uns Angst zu machen.

Als Walter mit unserem Gepäck nach Hause kam, fand er nicht nur alles so vor wie vor der Reise, sondern jetzt hatten wir sogar wieder alle Freiheiten, um die Kranken zu behandeln. Nur das Ehepaar Baldzer fehlte uns.

Mitte März 1979 war in Brasilien ein Regierungswechsel und damit erhielt auch die *FUNAI* einen neuen Direktor. Er stattete dem Reservat am Rio das Cobras einen Besuch ab und danach durften wir es wieder betreten und frei arbeiten. Im Mai besuchte der neue Präsident der *FUNAI*, der Nachfolger von General Ismarth, unsere Missionsstation.

Zwei Monate nach dem Besuch des Präsidenten unterschrieb er am 23.07.1979 einen neuen Vertrag, der zwei Jahre gültig war. Die ersten sechs Monate lag die ganze Last der Krankenbehandlung auf meinen Schultern. Erst Ende August kam Regina Feustel, eine junge Krankenschwester aus Curitiba, zur Unterstützung. Im Dezember kam Schwester Catarina Cordeiro, die für die nächsten sechs Jahre die Verantwortung im *Ambulatório* übernahm.

Das Genesis-Projekt

Die Super 8 Filme des sogenannten Genesis-Projektes zeigen die ersten Kapitel der Bibel und das Leben Jesu nach dem Lukasevangelium. Dabei wurde der dazugehörige Bibeltext von nur einem Sprecher gelesen. Um die Filme, die in Deutsch gesprochen waren, vorführen zu können, mussten sie in Kaingang vertont werden. Auch wenn das Neue Testament schon in Kaingang übersetzt war, war dies eine große Herausforderung für uns und wir arbeiteten daran als Team. Walter oder Ka'egso waren für den Filmprojektor und das Aufnahmegerät zuständig und Candoca las auf Kaingang den Text, der auf Kassette aufgenommen wurde. Dabei musste ich auf das richtige Sprechtempo achten, damit der Text mit dem Film synchron war. Candoca hatte eine dünne Schnur an seinem Finger. Wenn ich daran zog, begann er zu lesen, zog ich wieder, machte er Pause. Zog ich zweimal schnell, musste er schneller lesen. Da in Kaingang die Sätze oft länger sind als im Deutschen, klappte es nicht gleich beim ersten Mal und wir mussten mehrmals üben. An manchen Tagen arbeiteten wir an einer Geschichte acht Stunden, bis wir mit dem Ergebnis zufrieden waren. Ohne die Geduld und die Begabung von Candoca wäre dieses Projekt nicht zustande gekommen. Aber als es abgeschlossen war, konnten wir diese Filme auf die Reisen in andere Reservate mitnehmen und dort vorführen. Die Filmabende wurden von vielen Indios gerne besucht und wir erreichten dadurch Kaingang, die sonst nicht zu den Versammlungen gekommen wären. Das war ein echter Erfolg. Viele Jahre benutzten wir diese Tonaufnahmen, bis später ein ausgebildetes Team in das Reservat Queimadas kam und dort mit mehreren Kaingang den bekannten Jesusfilm professionell synchronisierte und auf DVD brannte.

Einsetzen von Witwen

Für die jungen Gemeindeleiter war es kulturell schwer möglich, im Gottesdienst ab und zu die älteren Frauen zu ermahnen, wenn sie durch anregende Gespräche untereinander den Ablauf störten. Als sie in ihrer Bibel vom Dienst der Witwen in der Gemeinde lasen, beschlossen sie, ebenfalls Witwen einzusetzen.

Im Februar 1982 wählte die Gemeinde zwei ältere Witwen. Als Tánhter gefragt wurde, ob sie bereit sei, den Dienst als Witwe in der Gemeinde zu tun, sagte sie: »Ich werde meinen Mund öffnen für Gottes Sache, wenn Jesus mir meinen Mund zum Ermahnen öffnet.« Neben Seelsorge und Ermutigung bestand die Aufgabe der beiden Witwen darin, die Frauen zu ermahnen, die während des Gottesdienstes durch ihr Tuscheln den Ablauf störten. Die Gemeindeältesten beteten über den knienden Witwen Tánhter und Bernardina und segneten sie für ihren Dienst in der Gemeinde, den sie dann mit großer Hingabe taten.

Tánhter war die Mutter von Pri. Als sie im Januar 1976 in Jesus hineinging, durfte ich dabei sein. Schon bald merkte ich, dass Gott mir in ihr eine treue Beterin zur Seite gestellt hatte. Sie war eine weise Frau. Wenn Walter unterwegs war und ein Problem auftauchte, ging ich oft in ihre Hütte und wir beteten gemeinsam und stärkten uns gegenseitig. Es war ein Geben und Nehmen. Da sie nicht lesen konnte, war sie froh, dass sie auch am Mittwoch in der Bibelstunde Gottes Wort hören konnte. Sie sagte zu mir: »Mein Kopf ist zu schwach, um Gottes Wort nur am Sonntag zu hören.« Eine Hilfe für sie war, dass wir am Sonntag im Gottesdienst Bibelverse auswendig lernten. Darin war sie sehr gut. Man konnte an ihr sehen, wie Jesus sie verwandelte. Darum war es nicht verwunderlich, dass sie und Bernadina, die Schwiegermutter von Pri, als Witwen eingesegnet wurden.

In der Hütte von Tánhter begannen wir, insbesondere für die Gemeindeleitung zu beten. Dazu versammelten wir uns am Vormittag, während die Kinder in der Schule waren. Ich gab einen Impuls und dann kam die Gebetszeit. Für mich hatte ich so etwa eine Stunde eingerechnet, sodass genügend Zeit war, das Mittagessen zu kochen, damit Kinder und Männer, wenn sie nach Hause kamen, nicht hungern mussten. Das lief am Anfang gut, doch als immer mehr Frauen dazukamen und wir zum Beten zwei Stunden brauchten, fingen wir früher an. Man muss wissen, dass Indios sehr lange mit Gott sprechen. Ich hatte damit oft Schwierigkeiten, besonders wenn es dem Teufel gelang, mich an all die Arbeit zu erinnern, die ich noch tun musste. Aber diese gemeinsamen Stunden haben uns allen gutgetan. Wir nahmen teil am Ergehen der Einzelnen.

DAS WUNDERBARE TELEFON

Walter. In den ersten 13 Jahren unter den Kaingang hatten wir keine Möglichkeit zu telefonieren. Das nächste Telefon war 25 Kilometer entfernt. Wenige Monate, nachdem im Jahr 1974 das *Ambulatório Indígena* eingeweiht wurde, sollte ein Telefonanschluss möglich werden. Unsere Freunde hatten die dafür erforderlichen 8.000 DM in Rekordzeit gespendet. Darüber freuten wir uns sehr, aber umso größer war die Enttäuschung, als wir von der staatlichen Telefongesellschaft die Nachricht erhielten, ein Telefonanschluss sei für uns nicht möglich. Aber wir ließen uns nicht entmutigen. Wo Menschen kleine Türen verschließen, kann Gott große Tore öffnen. Durch die Vermittlung unseres Freundes Dr. Nivaldo bekamen wir im Januar 1980 eine Audienz beim Innenminister des Staates Paraná, dem die Telefongesellschaft unterstellt war. Bevor wir unser Anliegen vorbringen konnten, sagte der freundliche Beamte: »Über Ihre Arbeit am Rio das Cobras bin ich sehr gut informiert. Sie haben in spätestens 90 Tagen Telefon.« Uns fehlten die Worte, so überrascht waren wir, aber der Beamte ergänzte: »Alle Unkosten gehen natürlich zu unseren Lasten. Sie bekommen den Anschluss völlig kostenlos.« Nach bereits 60 Tagen konnten wir uns per Telefon bei ihm bedanken. Das war ein weiteres Wunder vor unseren Augen.

DAS VOLK DER GUARANÍ

Im Reservat Rio das Cobras lebten auch Guaraní. Sie waren in der Minderheit und wurden früher von den Kaingang diskriminiert. Obwohl wir nur indirekt beteiligt waren, durften wir miterleben, wie Jesus seine Gemeinde auch unter diesem Volk baute. Reginaldo und Doralice waren nicht nur kompetente Lehrer, sondern auch mit ganzem Herzen Missionare. Zuerst begannen sie mit Gottesdiensten für Brasilianer, die in der Nähe des Reservats wohnten. Sie bemerkten auch, dass wir die Guaraní nur schlecht mit dem Evangelium erreichen konnten. Nach einem Beschluss unserer Missionsleitung widmeten sich Doralice und Reginaldo dann ganz den Guaraní. Angrenzend an das Guaraní-Dorf am Hasenfluss, 17 Kilometer vom *NAI* entfernt, konnten 5 Hektar Land gekauft werden. Ein großer Bretterschuppen, der am *NAI* nicht mehr nötig war, wurde abgerissen und am Hasenfluss aufgebaut. Doralice nannte das Gebäude »3 in 1«, denn es diente als Wohnung für die sechsköpfige Familie, als Schule und sonntags als Kirche. Im April 1982 wurden die ersten Guaraní getauft und die Guaraní-Gemeinde gegründet.

Als Kaingang in Jesus hineingegangen waren, stellten sie fest, dass es noch eine andere Verwandtschaftsbeziehung gibt. Bisher hatten sie uns als ihre Verwandten angesehen, weil wir ihre Sprache gelernt und Kaingang-Namen hatten. Aber nun erkannten sie, dass wir auch durch die Erlösung von Jesus Geschwister wurden, denn wir hatten nun denselben Vater. Darum gehörten wir zur selben Familie. Und auch Brasilianer, wie beispielsweise unsere Mitarbeiter, waren ihre Geschwister. Wenn wir Besuch bekamen, fragten sie oft: »Sind das auch unsere Geschwister?« Antworteten wir mit »Ja«, war die Freude groß.

Doch wie war das mit den verachteten Guaraní? Es dauerte einige Zeit, bis sie diese Frage mit »Ja« beantworten konnten. Als die Guaraní-Gemeinde ihr 1. Jahresfest feierte, luden sie dazu auch die Kaingang-Gemeinde ein. Tobias sollte eine Predigt halten. Er wählte den Text aus dem 2. Kapitel des Epheserbriefes.

Der Schwerpunkt seiner Predigt war: »Ihr wisst, wie wir Kaingang euch verachtet haben. Es war eine große Mauer zwischen uns und euch. Diese hat Jesus am Kreuz abgerissen und Gott hat uns zu seinen Kindern gemacht. Wir haben jetzt denselben Vater. Darum seid auch ihr Guaraní, die in Jesus hineingegangen seid, unsere Geschwister. Nun sind wir uns gut. Wisst ihr, dass wir auf der ganzen Welt Geschwister haben? Das hat Jesus bewirkt und darüber bin ich so froh.«

WAS EINE SALMONELLEN-ERKRANKUNG AUCH BEWIRKEN KANN

Ilsedore. Das neue Jahr 1982 begann nicht, wie wir es uns vorgestellt hatten. Walter hatte in der Nacht sehr starken Durchfall. Gegen Morgen war sein Kreislauf so abgesackt, dass ich ihn noch kurz, bevor er ohnmächtig wurde, zu Bett bringen konnte. Obwohl er Medikamente einnahm, zeigte sich keine Besserung. Schwester Catarina legte ihm eine Infusion an, um den Kreislauf zu stabilisieren. Als die Kaingang-Geschwister von der schweren Erkrankung hörten, trafen sie sich zum Gebet in der Kirche. Am Sonntagmorgen nach dem Gottesdienst fragten sie mich, ob sie Fár nicht salben könnten, wie es im Jakobusbrief steht. Das sagte ich Walter und wir freuten uns über ihre Initiative. Danach wurde es etwas besser.

Eines Morgens, ich war echt verzweifelt, klingelte unser Telefon. Dr. Nivaldo, der jetzt Verkehrsminister war, rief aus Curitiba an. Er sagte: »Ich muss die letzten Tage so viel an euch denken. Wie geht es euch?« Unter Tränen erzählte ich ihm von Walters schwerer Erkrankung, dass er im Hospital in der Stadt gelegen hatte und jetzt wieder zu Hause, aber sein Zustand leider weiterhin sehr beängstigend war. Dr. Nivaldo fragte sofort, ob er einen Hubschrauber oder seinen Dienstwagen mit Klimaanlage schicken sollte, um Walter nach Curitiba zu holen. Sein Vater war Arzt und hatte in Curitiba ein Privatkrankenhaus. Nachdem ich mich mit Walter besprochen hatte, entschieden wir uns für das

Auto. Es war, als ob Gott uns einen Engel geschickt hätte. Das sagte ich Dr. Nivaldo auch am Telefon.

Wenige Stunden später kam der Wagen. Wir waren vorbereitet und machten uns sofort auf den Weg ins 400 Kilometer entfernte Curitiba. In dem geräumigen Fahrzeug konnte Walter liegend transportiert werden. Etwa nachdem wir die Hälfte der Strecke zurückgelegt hatten, wurde Walter immer fahler. Der Puls war kaum noch zu spüren. Als ich ihn gar nicht mehr fühlen konnte, schrie ich zum Herrn: »Lieber Vater, wenn du Walter abrufen willst, dann bitte nicht jetzt auf der Straße. Du hast uns dieses Auto geschickt, nun verlass uns bitte nicht.« Der Chauffeur, der auch bemerkte, wie ernst es um Walter stand, fuhr schon so schnell er konnte. Nun konnte nur noch Gott selbst uns helfen. Etwa eine halbe Stunde später schnaufte Walter wieder und sein Gesicht bekam Farbe. Wie dankbar war ich für Gottes Eingreifen.

Im Krankenhaus in Curitiba war schon alles vorbereitet. Nach einer Woche guter und kompetenter Behandlung war die Gefahr überstanden und Walter konnte entlassen werden. Zu Hause am Rio das Cobras kam er wieder zu Kräften. Aber nur sehr langsam.

Walter. Vor der Erkrankung hatte ich mit dem fünften Taufkurs begonnen, der dann natürlich lange unterbrochen wurde. Die Gemeindeältesten besuchten mich im Schlafzimmer und dankten Gott, dass er mich nicht zu sich gerufen hatte. Einer von ihnen war Tobias. Er selbst hatte auch eine schwere Krankheit und war körperlich sehr geschwächt. Daher konnte er keine schwere Feldarbeit verrichten. Aber es lag ihm, Kranke zu besuchen und mit ihnen zu beten. Da kam mir der Gedanke, dass doch Tobias den Taufunterricht geben könnte.

So kam er jede Woche an mein Bett, ich erklärte ihm die Lektion und er hielt in den folgenden Wochen den Taufunterricht. Als sich der geplante Termin der Taufe näherte, dachten wir alle, dass ich die Taufe durchführen könne. Doch dann kam alles ganz anders. Es muss der Heilige Geist gewesen sein, der mir sagte: »Warum willst du die Kaingang taufen? Sie haben sich doch gar nicht bei dir bekehrt. Und du hast sie auch nicht unterrichtet.« Als Tobias mich das nächste Mal besuchte, sagte ich ihm, dass ich die Gemeindeältesten etwas Neues lehren würde. Sie sollten von nun an die Kaingang taufen. Und so führten wir es auch durch. Wahrscheinlich wäre ich ohne diese langwierige Krankheit nicht auf den Gedanken gekommen, den Gemeindeleitern alle kirchlichen Amtshandlungen zu übergeben. Der Anlass dazu waren die Salmonellen.

Und so kam es, dass Tobias am 14. März 1982 in meiner Gegenwart acht Kaingang taufte. Ich selbst habe nach diesem Erlebnis keine Taufhandlung mehr vollzogen, sondern den Kaingang-Gemeindeältesten dieses Amt übergeben.

Rückblickend möchte ich mit Johann Jakob Schütz bekennen:

Ich rief zum Herrn in meiner Not:
»Ach Gott, vernimm mein Schreien!«
Da half mein Helfer mir vom Tod
und ließ mir Trost gedeihen.
Drum dank, ach Gott, drum dank ich dir;
ach danket, danket Gott mit mir!
Gebt unserm Gott die Ehre!

Brauchen wir einen Rollstuhl?

In den ersten acht Jahren von 1967 bis 1975 fuhren wir nur mit robusten Toyotas, diesen zuverlässigen und begehrten Autos, die uns fast nie im Stich ließen. Mit ihnen konnte man nicht nur auf schlechtesten holprigen Straßen und Wegen fahren, sondern auch Bäche und Flüsse bei entsprechender Wassertiefe problemlos durchqueren. Diese japanischen Jeeps waren an der Vorder- und Hinterachse mit einem Bündel Blattfedern ausgestattet. Im Landesinneren, wo es nur wenige Asphaltstraßen gab, waren sie sehr beliebt. Dennoch erlebten, besser erlitten wir auch die Kehrseite. Die stundenlangen Fahrten auf holprigen Schotterstraßen waren nicht nur unbequem, sie hinterließen auch ihre Spuren an unseren Knochen.

Ilsedore. Schon als junge Frau hatte ich Rückenprobleme. Von meinen Eltern habe ich Arthrose geerbt, die sich im Laufe der Zeit immer mehr bemerkbar machte. Die schwere körperliche Arbeit und vor allen Dingen die Fahrten mit dem Geländewagen forderten ihren Tribut. Als ich eines Tages, es war im Jahr 1983, an meiner Nähmaschine saß und aufstehen wollte, machten plötzlich meine Beine nicht mehr mit. Ich konnte weder stehen noch gehen. In meiner Verzweiflung rief ich nach Ka'egso, denn Walter war nicht zu Hause. Mit viel Mühe brachte er mich ins Wohnzimmer. Als Walter nach Hause kam, beschlossen wir, nach Curitiba zu fahren. Dort kannten wir eine kompetente Physiotherapeutin, die wir aufsuchen wollten. Lydia, so hieß sie, hatte mir schon manches Mal mit einer Massage gutgetan. Doch diesmal schaute sie besorgt und meinte: »Da werden Sie an einem Rollstuhl nicht vorbeikommen.« Welch eine Hiobsbotschaft! Wie sollte ich im Rollstuhl sitzend meinen Aufgaben gerecht werden? Wäre damit auch unser Dienst unter den Kaingang zu Ende? Diese Diagnose brachte mich in eine echte Glaubenskrise. Wir gingen dann zu einem Orthopäden, der ein MRT machen ließ. Das Ergebnis zeigte, dass ein Hauptnerv betroffen war. Der Arzt riet uns zu einer vierwöchigen Behandlung. Er hatte die Hoffnung, den Nerv zu reanimieren. So musste ich in Curitiba bleiben. Ich wohnte im Freizeitheim *Rogate,* während Walter zum Rio das Cobras zu den Kindern zurückfuhr. Jeden Tag holte mich ein Taxi ab und ich bekam eine Schockbehandlung. In den ersten Tagen spürte ich nichts und mir wurde angst und bange. Ich wusste aber, dass viel für mich gebetet wurde. Wie erfreut waren der Arzt und ich, als das Gefühl langsam doch wieder zurückkam. Die Behandlung brachte eine wesentliche Besserung und nach vier Wochen durfte ich gesund wieder nach Hause zu meiner Familie gehen.

»Ein Land, das ich dir zeigen will« – Standort Curitiba

Als unsere Kinder in der Kreisstadt Laranjeiras do Sul die Grundschule beendet hatten, gab es dort keine weitere Möglichkeit mehr für sie, die Schule zu besuchen. Darum schien es uns richtig, um unserer Kinder willen in die Großstadt Curitiba zu ziehen. In der Hauptstadt konnten sie eine Berufsausbildung abschließen oder ein Studium absolvieren. Es war nicht so, dass wir für alle Entscheidungen, die wir zu treffen hatten, eine klare Anweisung aus der Bibel bekommen hätten. Oft wählten wir das Nächstliegende, das Vernünftige, das Angemessene und erfuhren erst im Nachhinein, dass Gott unsere Gedanken gelenkt hatte. Ursprünglich hatten wir vor, nur ein paar Jahre in Curitiba zu wohnen, bis die Kinder ihre Ausbildung abgeschlossen hatten. Doch dann wurden es dreißig Jahre.

»Ich will meine Gemeinde bauen« – Unter den Kaingang (Teil 2)

Walter. Unter dem achten *»Land, das Gott uns zeigen wollte«*, sahen wir zunächst nur unseren neuen Standort Curitiba, wo unsere vier Kinder weitere Schul- und Ausbildungsmöglichkeiten hatten. Doch im Laufe der nächsten Jahre erkannten wir, dass Gott noch einen ganz anderen Plan für uns in Curitiba hatte. Wir durften dort den zweiten Teil der Zusage Jesu erleben: *»Ich will meine Gemeinde bauen«*, und zwar speziell unter den Kaingang. Dieses Ziel hatten wir zwar vom Beginn unserer Missionsarbeit im Blickfeld, aber jetzt sollten wir es erleben. Unser Umzug nach Curitiba war eigentlich nur Mittel zu diesem höheren Zweck. Beim Entstehen der ersten Gemeinde am Rio das Cobras waren hauptsächlich wir Herys die Werkzeuge, die Jesus gebrauchte. Das neue Land bestand darin, dass Jesus jetzt durch den Dienst von indigenen Missionaren weitere Gemeinden baute! Die folgenden Berichte über die Gemeindegründungen durch Kaingang-Missionare, unsere Kollegen, ist die andere Bedeutung dieses achten Landes, das der Herr uns zeigen wollte.

Von der Gründung der ersten Gemeinde am Rio das Cobras im November 1977 bis zu unserem Umzug im Januar 1986 gab es nur die eine Kaingang-Gemeinde. Erst nachdem wir nach Curitiba umgezogen waren, baute Jesus weitere Gemeinden durch Kaingang-Missionare. Für die sendenden Heimatgemeinden in Deutschland waren wir die Missionare unter den Indios. Für uns waren die Kaingang, die sich von Jesus in andere Reservate senden ließen, ebenso Missionare. Das ist zwar dasselbe Wort, doch es sind zwei ganz unterschiedliche Wirklichkeiten.

In unserer Widmung haben wir diese Menschen bereits erwähnt. Nun wollen wir davon berichten, wie wichtig ihr Dienst war und ist. In Markus 10,31 sagt Jesus: *Viele, die jetzt wichtig zu sein scheinen, werden dann die Geringsten sein und die, die hier ganz unbedeutend sind, werden dort die Wichtigsten sein.*

Wir deutschen Missionare, die wir zu den Indios gegangen waren, wurden in der Heimat sehr geachtet, weil wir um Jesu willen unser Heimatland zurückgelassen hatten. Das ist nicht verkehrt. Doch leider bekommen die Einheimischen für ihren Einsatz in der Missionsarbeit oft nicht die gebührende Beachtung. Von Curitiba aus konnten wir unsere Kollegen in anderen Reservaten besuchen, begleiten, beraten und unterstützen. Das wäre vom Rio das Cobras aus schlecht möglich gewesen, da wir uns dort durch die vielfältigen Aufgaben vor Ort nur schwer hätten freimachen können.

Die Kaingang-Gemeinde in Queimadas

Queimadas ist das Reservat, in dem wir, nach dem Rio das Cobras, die meisten Tage in einem Dorf der indigenen Bevölkerung verbrachten. Es mag daran liegen, dass Queimadas am schnellsten von Curitiba aus zu erreichen ist. Es sind nur 250 Kilometer gute Asphaltstraße. Vielleicht liegt es auch daran, dass dort die zweite Gemeinde entstanden war. Möglicherweise war es aber auch die Tatsache, dass unser Sohn Ka'egso seit 1995 mit seiner Familie dort lebte und wir als Großeltern durch die schwere Krankheit seiner Frau Christiane in den Jahren 2007 und 2008 öfter dort gefordert waren.

Pri, Candoca und Tobias unternahmen 1977 ihre erste Missionsreise nach Queimadas. Sie wollten unbedingt ihren Verwandten von Jesus erzählen. Bei diesem Besuch ging der alte blinde Häuptling Nestor in Jesus hinein. Er bat sie, bald wiederzukommen, denn viele Kaingang wollten mehr von Jesus hören. Als wir 1978 in Deutschland waren, fuhren die drei Kaingang-Missionare aus eigener Initiative mit dem Bus nach Queimadas. Von ihrer Gemeinde am Rio das Cobras wurden sie unter Handauflegung zum Missionseinsatz gesegnet und entsandt. Mehrere Kaingang gingen in diesen Tagen in Jesus hinein. Und auch in den folgenden Jahren machten die Kaingang-Missionare weitere Missionsreisen in verschiedene Reservate.

Von Curitiba aus besuchten wir kurz nach unserem Umzug im Februar 1986 Queimadas. Im Haus von Iraci und Mário de Oliveira hielten wir Hausgottesdienst. Mário war zu der Zeit Häuptling. Seine Frau war bei Tobias bereits in Jesus hineingegangen, während er diese Entscheidung erst später traf. Er glaubte, dass ein Häuptling nicht evangelisch sein könne. In den folgenden Jahren, in denen wir Queimadas besuchten, übernachteten wir bei Pastor Rudi Schier in der Stadt Ortigueira in den Räumen unserer brasilianischen Kirche. Die jeweiligen *Chefes* waren uns sehr freundlich gesonnen und erlaubten uns, die Kaingang im Reservat zu besuchen. Manchmal luden sie uns zum Essen und sogar zum Übernachten ein. Das war eine gute Zeit. Doch ein neuer Regionalchef, der uns 1983 getäuscht hatte (siehe das Kapitel »Mein 43. Geburtstag«), gab strikte Anordnung, dass wir die Kaingang weder in ihren Häusern besuchen noch am Posto (Verwaltung der Reservate und Sitz der *Chefes*) empfangen und mit ihnen sprechen dürften. Dem *Chefe* fiel es sichtlich sehr schwer, uns abweisen zu müssen.

Dann kam ein Anruf von Pastor Rudi Schier, der uns sehr überraschte. Er hatte eine sehr gute Nachricht für uns. Der brasilianische Polizeichef in Ortigueira besaß eine kleine *Chácara*, eine Art Schrebergarten, der an das Reservat angrenzte. Er wurde in eine andere Stadt versetzt und wollte dieses Stück Land von 6.000 Quadratmetern verkaufen. Mit meinem Vater, der gerade zu Besuch in Brasilien war, fuhr ich am 9. Juni sofort nach Ortigueira. Wir schauten uns das Land an und kauften es für die Mission. Auf dem Land stand ein Schuppen und eine primitive Holzhütte, die uns als Schlafplatz diente, wenn wir Queimadas besuchten. Sie hatte auch einen selbst gemauerten Ofen. Sogar eine kleine Quelle gab es auf diesem Stück Land. Einen Monat später, am 6. Juli 1986 wurden Tobias und Vãté in der Gemeinde am Rio das Cobras verabschiedet und als Missionare nach Queimadas entsandt. Am 12. Juli zog Tobias mit seiner Familie nach Queimadas. Die Familie wohnte zunächst in der kleinen Hütte auf der *Chácara*. Obwohl sie dort keine neue Sprache erlernen und sich nicht in eine andere Kultur einleben mussten, waren sie dennoch Fremde und keine Einheimischen. Ihre neue Situation war so ganz anders als am Rio das Cobras, wo Tobias Mitbegründer der ersten Kaingang-Gemeinde war und ein geschätzter Gemeindeleiter noch dazu. In Queimadas gab es zwar einige wenige Christen, die bei seinen Missionsreisen in Jesus hineingegangen waren, aber der neue Häuptling war gegen die neue Religion. Das spürten auch die Kinder von Tobias. Sie waren fremd in diesem neuen Reservat und hatten Heimweh.

Jetzt waren sie Missionare, genau wie wir, unsere Kollegen, die ihre Heimat und ihre lieb gewordene Heimatgemeinde verlassen hatten, auch wenn sie nur 400 Kilometer voneinander trennte und nicht wie bei uns ein ganzer Kontinent. Auch sie bekamen den Widerstand, die Schikanen und die Feindschaft des Häuptlings zu spüren, so wie wir am Rio das Cobras. Hier nur ein Beispiel: Tobias pflanzte im Reservat ein Maisfeld. Als er ernten wollte, sagte der Häuptling zu ihm: »Du wohnst nicht im Reservat, sondern auf dem Land der *Fóg*. Du darfst das Feld nicht abernten.« Daraufhin bauten wir für Tobias im Reservat ein Haus, genau gegenüber von unserem Land.

Auf der *Chácara* stand ein Gestell, das der Vorbesitzer mit einer Plane bedeckt hatte, wenn er ein Fest feiern wollte. Das sollte eine provisorische Kirche werden. Dazu kauften wir ein altes Bretterhaus, das abgerissen werden sollte. Mit den Brettern schlossen wir die drei Seitenwände des Gestells. Die vierte Seite wurde nur von unten auf die halbe Höhe geschlossen. Als Dach diente *Sapé*, eine bestimmte Sorte hoch wachsendes Gras. Nun hatte die Gemeinde einen Ort, an dem sie sich in den ersten Jahren versammeln konnte.

Nur drei Monate nach seiner Ankunft konnte Tobias am 12. Oktober 1986 die erste Taufe in Queimadas durchführen. In dieser kurzen Zeit brachten die beiden ältesten Kinder von Tobias, Iracema und Gabriel, den Besuchern der Gottesdienste fast alle Lieder des ersten Liederbuches bei. Es wurde das rote Gesangbuch genannt und enthielt 71 Lieder. Die Gemeinde konnte die Lieder praktisch fast alle auswendig singen. Bei diesem Fest der Taufe wurde die zweite Kaingang-Gemeinde gegründet, zu der 20 Mitglieder gehörten. Ebenso wurde die Einweihung der neuen provisorischen »Kirche« gefeiert. Später wurde auf der *Chácara* ein kleines Häuschen errichtet. Dort konnten wir gut mehrere Tage wohnen, wenn wir zu Besuch kamen. Nach und nach bauten weitere Familien ihre Hütten entlang der Straße, wo Tobias wohnte.

Bei der zweiten Taufe ein Jahr später konnte Tobias fünf Kaingang taufen. Tobias begann aus eigener Initiative, im Gottesdienst eine Kollekte zu erbitten. Es zeigte sich jedoch, dass es nicht gut war, wenn Tobias allein der Gemeindeleiter war. Candoca, Gemeindeleiter und Lehrer am Rio das Cobras, war bereit, nach Queimadas zu ziehen. Seinen Umzug machten wir am 29. Februar 1988. Doch im September rief mich Candoca in Curitiba an und sagte mir, er werde zum Rio das Cobras zurückgehen, weil es seine Frau zurück in die Heimat zog. So fuhren wir umgehend nach Queimadas, um mit dem Ehepaar zu sprechen. Sie waren bereit, bis zum Abschluss des Schuljahres Ende November zu bleiben. Als die Gemeinde am 2. Oktober 1988 ihr 2. Jahresfest feierte, wurden am gleichen Tag bei der dritten Taufe von Tobias und Candoca zehn Kaingang getauft. Damit hatte die Gemeinde in Queimadas bereits 55 Gemeindeglieder.

Mit Günter Hopp, dem Direktor von Tabor, und Missionsinspektor Hans Gaab besuchten wir am 6. Dezember 1988 Queimadas. Tobias machte uns den Vorschlag, das Land neben unserem kleinen Kirchengrundstück zu kaufen. Auf diesem Land gab es nämlich mehrere Wasserquellen, während auf dem indigenen Land oberhalb der Straße keine Quellen waren. Inzwischen wohnten entlang der Straße schon mehrere Familien, denen es aber verboten war, auf dem Land der *Fóg* Wasser zu holen. Günter Hopp war für den Vorschlag von Tobias offen und so kauften wir am 11. Dezember das Land. Den Umzug von Candoca machten wir am 19. Dezember 1988.

Zwei Jahre später, im Jahr 1990, gründeten in Queimadas vier junge Kaingang die erste Musikband. Sie nannten sich *Die allein auf Jesus blicken*. Nachdem Tobias zehn weitere Kaingang getauft hatte, zeichnete sich die Notwendigkeit eines zweiten Gemeindeleiters immer mehr ab. Am naheliegendsten war, dass Pri wieder in seine alte Heimat nach Queimadas zog, um dort zusammen mit Tobias die wachsende Gemeinde zu leiten. Der Umzug der Großfamilie wurde im September 1992 vollzogen. Bald danach am 4. Oktober 1992 setzte Pri seine Mutter Tánhter als »Witwe« in der Gemeinde ein.

Unser Sohn Ka'egso und seine Frau Christiane wurden am 14. Januar 1995 von der Marburger Mission nach Brasilien entsandt. Beim Besuch in Queimadas hatte Elizeu, der Häuptling, Ka'egso eingeladen, in Queimadas zu wohnen, und diese Einladung nahmen sie gern an.

Zum 10. Jahresfest der Gemeinde am 20. Oktober 1996 wurde die Kirche mit Dachziegeln gedeckt und alle Wände wurden ganz geschlossen und gestrichen. Der Fußboden wurde zementiert und rot gestrichen und anschließend wurde in der renovierten Kirche Gottesdienst gefeiert. Dazu war eine Gruppe des Blauen Kreuzes aus Ansbach zu Besuch gekommen. Ka'egso hatte dort sein zweijähriges theologisches Praktikum absolviert.

Sieben Jahre später war die Holzkirche zu klein für die wachsende Gemeinde und es wurde der Bau einer neuen Kirche geplant. Die Einweihung der neuen Kirche, wieder verbunden mit einer Taufe, wurde am 16. Februar 2003 mit einem großen Fest gefeiert. Zwei Monate später erlitt Pri einen leichten Schlaganfall. Am 21. März 2004 traf Tobias nach dem Gottesdienst dasselbe Schicksal. Es war ein göttlicher »Zufall«, dass gerade Ellen Rossbach als Kurzzeit-Missionarin aus Deutschland zu Besuch war. Sie war Physiotherapeutin und konnte Tobias professionell behandeln.

Im April 2006 waren wir für zwei Wochen in Queimadas, um unsere Enkel zu versorgen, weil unsere Schwiegertochter in Deutschland war. Während des Abendgottesdienstes wurde über einer Kaingang namens Roseli gebetet. Sie »feierte« an diesem Sonntag ihren 1. Geburtstag nach einem sehr schweren Unfall. Ein Jahr zuvor war ihr ein schwerer Pinienast auf den Kopf gefallen und hatte ihr die halbe Kopfhaut abgerissen. Sie war bewusstlos gewesen und man hatte sie für tot gehalten. Die Gemeinde war sofort zum Gebet zusammengekommen und Gott hatte ihr das Leben neu geschenkt. Nach diesem Wunder an seiner Tochter hatte sich ihr Vater Dórico bekehrt. Ein großer »Geburtstagskuchen« durfte natürlich nicht fehlen.

In der Nacht zum 1. Dezember 2006 wurde in Queimadas ein schlimmer Putsch durchgeführt. Ka'egso war gerade unterwegs und bat uns, auf dem schnellsten Weg nach Queimadas zu kommen, denn dort sei im wahrsten Sinn des Wortes der Teufel los. Mestizen (Halbindios) hatten den Häuptling Antônio und seine Stammesältesten gefesselt, misshandelt und eingesperrt und sich selbst zur neuen Stammesleitung ernannt. Daraufhin mussten Antônio und seine Verwandten das Reservat zu verlassen. Auch Gabriel, der Sohn von Tobias, wurde auf Geheiß des neuen Häuptlings dazu gedrängt, das Reservat verlassen. Adir, der jüngere Bruder von Antônio, verließ ebenfalls Queimadas. Im Dorf Barreiro wurden die drei aufgenommen. Adir und Gabriel, die beiden jungen Gemeindeleiter, fehlten nun natürlich in der Gemeinde. Damit waren nur noch Jura, die Frau von Alcides, und der kranke Pri als Gemeindeleitung dort. Ka'egso fuhr bald danach mit seiner Familie in Urlaub. Das hatten sie nach diesen Tagen alle sehr nötig.

So waren wir vom 14. bis 19. Dezember 2006 allein in Queimadas. Die kleine tapfere Jura läutete am Sonntagmorgen die Glocke und begann pünktlich den Gottesdienst. Aus Angst vor dem neuen Häuptling war außer uns kaum jemand in die Kirche gekommen. Aber im Laufe des Gottesdienstes füllte sich die Kirche allmählich. Ilsedore ging mit etwa 30 Kindern nach draußen zum Kindergottesdienst. Jura hatte Römer 12,9-21 als Bibeltext gewählt und hatte eine gute Verkündigung. Im letzten Vers des Bibeltextes ist zu lesen: *»Lass dich nicht vom Bösen überwinden, sondern überwinde das Böse durch das Gute!«*

»FÜRBITTE STATT RACHE«

Walter. In der Nacht des Putschs hatte unser Bruder Nivaldo, der nicht zu den »Autoritäten« gehörte, mit einem dicken Prügel einen kräftigen Schlag auf den Kopf bekommen und war bewusstlos ins Krankenhaus gebracht worden. Dort war eine Gehirnerschütterung diagnostiziert worden. Als er wieder entlassen wurde, rief er seine große Familie zu sich ans Bett und gemeinsam dankten sie Gott dafür, dass sein Leben verschont geblieben war. Danach befahl er seiner Familie, dass niemand Rache nehmen dürfe. Zu seiner Schwiegertochter sagte er: »Geh zu deinem Vater, dem neuen Vize-Häuptling, der für den Putsch mitverantwortlich war, und richte ihm aus, er habe von uns keine Rache zu befürchten. Wir sind Christen und beten für ihn, dass auch er sich dem großen Häuptling, Jesus Christus, unterstellt.«

Als ich ihn besuchte und er mit verbundenem Kopf auf seinem Bett lag und mir das alles erzählte, musste ich denken: Solche Veränderung der Gesinnung kann kein Missionar bewirken. Das ist allein das Werk des Heiligen Geistes. Als Missionar steht man nur daneben und freut sich über solche Wunder!

Am 22. November 2008 wurde unsere Schwiegertochter Christiane vom Leiden ihrer schweren Krankheit erlöst. Schon am nächsten Tag musste das Begräbnis erfolgen. Ka'egso hatte sich bei der zuständigen Behörde erkundigt, ob er Christiane auf seinem privaten Gelände begraben dürfe. Da diesem Wunsch nichts im Wege stand, wurden dafür die Vorbereitungen getroffen. Mit den Kaingang war abgesprochen, wo sie das Grab ausheben sollten. Doch schon während der *Guarda* (Totenwache), gegen Morgengrauen, schickte der Häuptling Ka'egso die Nachricht: »Vãkórá (der Kaingangname von Christiane) ist eine von uns. Sie hat unsere Sprache gesprochen. Sie darf nicht allein begraben werden, sondern auf unserem Friedhof. Dort gehört sie hin.«

Die Kaingang-Gemeinde in Apucaraninha

Das Reservat Apucaraninha im Norden des Bundesstaates Paraná ist nur über eine 25 Kilometer lange Lehmstraße von der Kreisstadt Tamarana aus zu erreichen. Als wir es 1967 zusammen mit Gojtéj besuchten, lebten dort weniger als 300 Kaingang. Dili, ein Xokléng-Indio, gehörte schon seit 20 Jahren zur *Assembléia de Deus* (Gemeinde Gottes). Er hielt dort Gottesdienste in Portugiesisch, obwohl er mit einer Kaingang verheiratet war und die Sprache gut sprach. Nun waren wir mit Gojtéj zum Gottesdienst gekommen. Sie sprach mit Dili über ihre Übersetzungsarbeit und bat ihn, im Gottesdienst davon berichten zu dürfen. Mit ihr zusammen sangen wir ein Lied, das Pedrinho gedichtet hatte, in dem vom Leiden und Sterben Jesu am Kreuz die Rede ist. Dann sprach sie in Kaingang und erklärte den Text des Liedes. Alle hörten sehr aufmerksam zu. Nach dem Gottesdienst sagte die Frau von Dili unter Tränen: »Warum hat mir bisher niemand davon erzählt?« Wir waren sicher, dass sie diese Geschichte schon mehrmals gehört hatte, auf Portugiesisch. Aber heute hatte sie sie wohl zum ersten Mal richtig verstanden, weil sie ihr in ihrer Muttersprache erklärt worden war. Diese Erfahrung war für uns sehr eindrücklich und ermutigte uns dazu, die Kaingang-Sprache zu lernen.

Erst neun Jahre später, im Januar 1977, besuchten wir in den Schulferien mit unseren vier Kindern und drei Kaingang-Brüdern dieses Reservat wieder. Wir zogen Zähne und machten Hausbesuche. Am Abend predigte Pri und wir sangen Lieder in Kaingang. Gestört wurde diese Versammlung nur durch Betrunkene. Danach wurden die Reservate im Norden des Bundesstaates Paraná einer anderen Regionalbehörde der *FUNAI* zugeordnet und der neue Regionalchef erlaubte den Missionaren nicht mehr, Besuche in seinen Reservaten zu machen. Dazu gehörte auch Apucaraninha.

Erst im Jahr 1986 öffnete sich die Tür für dieses Reservat durch die persönliche Einladung des Häuptlings bei der Totenwache vom ältesten Sohn von Mário in Queimadas. Mário zog mit seiner Familie gleich nach dem Begräbnis nach Apucaraninha, der Heimat seiner Frau Iraci. Dort begannen sie sofort in ihrem Haus Gottesdienste zu feiern. Darum nannten wir sie die Türöffner von Apucaraninha. Mário konnte nicht lesen, obwohl er früher in Queimadas Häuptling gewesen war. Sein Sohn hatte Lesen gelernt und las die Bibeltexte vor, die sein Vater dann nach seinem Verständnis erklärte. Im selben Jahr konnte am 11. Oktober 1986 die erste Taufe durchgeführt werden. Tobias und Pri tauften Mário, seine Frau Iraci und drei weitere Kaingang. Einen Monat später kam der Lehrer Manoel mit seiner Frau Jandira nach der Abendversammlung zu uns und sagte, sie wollten in Jesus hineingehen. Am anderen Morgen besuchte ich die beiden, die uns schon in ihrem Haus erwarteten. Nachdem ich ihnen anhand eines Büchleins, das ganz ohne Text auskam, noch einmal den Heilsplan Gottes erklärt hatte, knieten wir drei auf dem blank geputzten roten Zementfußboden nieder und beteten. Die Fensterluken waren weit geöffnet, draußen liefen Indios vorbei, doch das störte das Ehepaar nicht. Sie bekannten laut ihre Sünden und baten Jesus um Vergebung. Dieser Moment der Lebensübergabe war ihnen so heilig und wichtig, dass alles andere bedeutungslos war.

So gingen sie an diesem Morgen in Jesus hinein. Anschließend kaufte sich Manoel ein Neues Testament und ein Liederbuch. Als wir drei Monate später wieder nach Apucaraninha kamen, erzählte Manoel uns, dass er seit seiner Bekehrung jeden Sonntag in seinem Haus Gottesdienst halte und weitere zehn Liederbücher gekauft habe. Manoel und Jandira waren als zweisprachige Lehrer ausgebildet und unterrichteten in der Dorfschule. 1986 lebten bereits 482 Kaingang in diesem Reservat.

Unsere nächste Reise führte uns am 25. Juni 1987 zuerst in das Reservat in Palmas. Dort zeigten wir am Abend den »synchronisierten« Jesus-Film. In jener Nacht, es war Winter in Brasilien, sank das Thermometer auf 6 Grad unter null! Palmas ist als kälteste Stadt in Paraná bekannt. Eigentlich sollte zwei Tage später in Apucaraninha eine Taufe im See stattfinden. Als wir am Samstag Vormittag dort ankamen, fragten wir die Beteiligten, ob wir die Taufe wegen der niedrigen Temperaturen vielleicht doch lieber verschieben sollten. Doch die Täuflinge hatten sich darauf eingestellt und bestanden darauf, trotz der Kälte getauft zu werden.

Es hatte zwar in der Nacht etwas gefroren, aber um die Mittagszeit wurde es warm. So wurden bei schönstem Sonnenschein im Stausee sieben Kaingang getauft, darunter auch Manoel und Jandira Felisbino. Am Abend erlaubte der Häuptling uns, einen Jesus-Film vorzuführen. Und wir durften sogar in der Krankenstation übernachten. Am nächsten Tag segneten wir im Gottesdienst Mário de Oliveira und Manoel Felisbino und setzten sie unter Fasten und Beten als Älteste für die entstehende Gemeinde ein. Am 1. November 1987 erzählten die beiden neuen Gemeindeleiter am Rio das Cobras ihre Geschichte. Mario berichtete:

> Früher wussten wir nichts von Gott. Auch ich nicht. Aber Gott sorgte für uns. Er schickte vor zehn Jahren Kaingang-Christen in mein Dorf bei Ortigueira, um auch uns von ihm zu sagen. Sie berichteten von dem, was in seinem Buch, der Bibel, geschrieben steht. So hörte ich auch von ihm. Ich wusste damals nichts von Gott, nichts von seinem

Wort. Ich lebte entsprechend meiner Tradition. Das stand im Gegensatz zu dem, was die Bibel sagt, und trotzdem wollte ich mein Leben nicht ändern. Aber Gott ist gut. Er machte mich nachdenklich, als Tobias und Pri ein weiteres Mal zu uns kamen, um vom Wort Gottes zu berichten.

Durch meine Frau erkannte ich, wer Gott ist. Sie war sehr krank. Ihr ganzer Körper war von Krankheit befallen. Als sie das Wort Jesu hörte, glaubte sie ihm und nahm Jesus an. Und der Herr sah sie an und machte sie gesund. Kein Zauberer oder Medizinmann kann das, was unser Herr Jesus kann. Darin sah ich, dass Gott groß ist, und fing langsam an, über das Gehörte nachzudenken. Gelegentlich fragten mich Kaingang-Christen: »Und du, willst du nicht auch Jesus nachfolgen?« Meine Antwort war immer: »Wartet noch ein bisschen!« In dieser Zeit wurde ich Häuptling und musste für mein Volk sorgen. Ich dachte, ich könne nicht gleichzeitig Christ und Häuptling sein, denn manchmal musste ich Menschen, die straffällig wurden, bestrafen. Ich wurde so davon abgehalten, Christ zu werden. Trotzdem bemühte ich mich, nach der Bibel zu leben, und wurde dazu von meiner Frau ermutigt, die wieder gesund wurde und im Glauben lebte. Als ich nach einer gewissen Zeit gefragt wurde, ob ich nicht auch dem himmlischen Vater angehören wollte, sagte ich »Ja«. An jenem Tag nahm ich Jesus an. Ich war sehr glücklich und meine Kaingang-Brüder ebenso. Seither nennen wir uns Brüder, denn wir haben einen gemeinsamen Vater. Wir sind Verwandte.

Eines Tages ereignete sich etwas sehr Trauriges. Mein Sohn, der ebenfalls zum Glauben gekommen war, wurde von einem Auto überfahren und starb. Mein Kopf war sehr schwer und wir zogen in ein anderes Reservat, nach Apucaraninha. Ich wurde im Glauben schwach. Aber als mein anderer Sohn im Wort Gottes einen Vers für uns las, hörten wir auf dieses Wort und begannen, über diesen Vers nachzudenken, in dem es heißt: »Wer sich ihm überlässt, wird auch die Seinen in der Ewigkeit wiedersehen.« Dies stärkte uns. Meine Frau und ich begannen, das zu bezeugen, was wir auswendig aus dem Wort Gottes wussten, denn wir können nicht lesen. So hörten auch einige unserer Verwandten die Botschaft und gingen in Jesus hinein. Heute sind wir 15 Kaingang in unserem Reservat, die an Jesus glauben. Der Erste, der zum Glauben kam, war Manoel. Weil er lesen kann, liest er uns jeden Sonntag ein Wort von unserem himmlischen Vater vor und erklärt es uns. Wir möchten, dass noch viele Gott vertrauen und ihr Leben Jesus übergeben.

Manoel Felisbino bezeugte:

Zuerst möchte ich davon berichten, wie ich früher gelebt habe. Ich war ein Verlorener. Mein Vater kam schon vor vielen Jahren, gemeinsam mit Brasilianern, zum Glauben an Jesus Christus. Aber ich wollte nicht. Mein Kopf war voller Dinge dieser Welt. Ich tat vieles, das nicht mit den Gedanken unseres großen Vaters im Himmel übereinstimmte. Ich machte, was ich wollte, und trank auch sehr viel Alkohol.
Häufig kam ich betrunken nach Hause und zerbrach alles, was ich eingekauft hatte. Manchmal auch Dinge, die ich noch gar nicht bezahlt hatte, z. B. den Fernseher oder das Radio. Eines Tages begann ich, darüber nachzudenken, was ich schon von klein auf über Gott gehört hatte. Meine Frau jedoch teilte meine Gedanken nicht. Für sie war Gott wie ein Niemand. In dieser Zeit kam ein Kaingang-Christ mit Namen Mário und seine Familie in unser Reservat und sprach über Jesus. Darüber wurde ich froh, aber meine Frau wollte immer noch nichts davon wissen. Als uns dann Missionar Walter Hery besuchte und mir das Wort Gottes erklärte, begann auch meine Frau, über Gott nachzudenken, und entschied sich dazu, in Jesus hinein-

zugehen. Ich ging zum Missionar, um ein Neues Testament zu kaufen, und berichtete ihm, dass meine Frau bereit sei, Jesus anzunehmen. Ich war sehr froh, dass wir nun beide in gleicher Weise dachten. Ich kaufte auch ein Liederbuch und begann, mit unserem Gemeindeältesten Tobias die Glaubenslieder zu singen. Das gefiel mir. Eines Tages kam meine Schwester und bat mich, in ihrem Haus eine Bibelstunde zu halten. Sie ist sehr offen für die Botschaft des Evangeliums und wir erwarten, dass sie bald ihr Leben Jesus übergibt. Wir sind sehr dankbar, wenn Gemeindeälteste und der Missionar in unser Reservat kommen, um uns das Wort Gottes zu erklären. Gemeinsam mit Mário wurde ich zum Gemeindeältesten in unserem Reservat Apucaraninha berufen. Wir hören zuerst auf das Wort in unserer eigenen Sprache und glauben ihm. Darum wollen wir auch, dass andere diesen Weg kennenlernen. Ich möchte auch die Aufgabe als zweisprachiger Indiolehrer übernehmen. Ich habe bereits einen dreijährigen Kurs besucht und möchte mein Volk darin unterrichten, was ich gelernt habe und was mir geholfen hat. Jesus rettete uns und wir möchten, dass auch andere diese Rettung erfahren. Ich bin sehr dankbar, dass nun mein Volk zu Gott als unserem Vater sprechen kann. Auch mein jüngster Bruder kam heute zum Glauben an Jesus. Um der Sache meines himmlischen Vaters willen bin ich hier und arbeite treu in meiner Aufgabe als Lehrer und Evangelist.

Am 9. Oktober 1988 wurde die vierte Taufe durchgeführt und die Gemeinde Apucaraninha mit 23 Gemeindegliedern gegründet. In diesem Gottesdienst wurde auch Isaías Felisbino, der jüngere Bruder von Manoel, als dritter Gemeindeältester eingesegnet.

Manoel überraschte und erfreute uns mit seinem ersten Lied, das er gedichtet hatte:

1. Jesus ist für uns gestorben,
wir aber lebten, ohne etwas von ihm zu wissen.
Eines Tages jedoch lernten wir ihn kennen,
ein Prediger hat uns von ihm berichtet.

2. Der Prediger war zuerst von ihm auserwählt worden,
der ging dann in Jesus hinein.
Dann hat er uns von ihm erzählt
und wir haben über Jesus nachgedacht.

3. Der Prediger sagte uns über Jesus Folgendes:
»Er selbst, Jesus, errettet uns,
darum geht doch in Jesus hinein,
damit er euch errettet.«

4. So sind auch wir in Jesus hineingegangen
und heute sind wir sehr viele.
Heute sind auch wir sehr glücklich,
dadurch, dass Jesus den Prediger erwählt hat.

Walter. Als ich bei unserem Besuch im Dezember 1988 nach Manoel fragte, sagte seine Frau Jandira mir, er sei mit anderen in den Wald gegangen, um Baumstämme für ein Gotteshaus zu holen. Ich traf die Männer beim Bauen ihrer ersten Kirche. Sie sollte einen Raum von 4 m x 8 m einnehmen. Die Pfosten aus 30 cm dicken Rundhölzern waren schon gut einen Meter in die Erde eingegraben. Dünnere Rundhölzer bildeten den Dachstuhl. Für die Höhe der Tür hatten sie bei sich selbst Maß genommen, und da Kaingang von ihrer Statur her wesentlich kleiner sind als wir, hätte ich mich bücken müssen, um eintreten zu können. Die Überraschung war schmerzlich. Was nun? Alle zehn Pfosten wieder ausgraben? Sie entschieden sich dafür, den Lehmboden um einen Spatenstich abzugraben. Und diese Mühe haben sie später nicht bereut. Am nächsten Tag fuhr Manoel mit uns zu einer Sägerei in Tamarana, um die Bretter für die Wände und die Kirchenbänke zu bestellen.

Bei unserem nächsten Besuch hatten wir ein ganz besonderes Erlebnis. Während ich in der Kreisstadt Tamarana kurz etwas in der Sägerei zu erledigen hatte, wartete Ilsedore mit einer Freundin im Auto. Mein Gespräch dauerte dann aber doch wesentlich länger und inzwischen zogen dicke, schwarze Wolken auf. Ehe wir losfahren konnten, setzte plötzlich ein starker Tropenregen ein. Im Nu hatte er die Lehmstraße in einen Bach verwandelt. Die 330 Kilometer von Curitiba bis Tamarana waren wir auf Asphalt gefahren. Doch die letzten 25 Kilometer zu den Kaingang waren nicht einmal geschottert, sondern da erwartete uns eine aufgeweichte Erdstraße. Unser Wagen hatte keinen Allradantrieb. Sollten wir kurz vor unserem Ziel umkehren und nach Curitiba zurückfahren? Dann wäre die weite Fahrt umsonst gewesen. Der ganze Himmel war schwarz und es schüttete wie aus Kübeln. Ich war echt sauer – sauer auf Gott. Ich schraubte meine Rückenlehne zurück und wollte nur noch vergessen, was ich gerade erlebte. Und dann bin ich tatsächlich eingeschlafen.

Meine Frau und ihre Freundin beteten unterdessen. Nach etwa einer Stunde ließ der Regen nach und ich wachte wieder auf. Ilsedore zeigte mit dem Finger zum Himmel. »Ich sehe einen blauen Flecken am Himmel.« Meine Antwort war: »Wir haben aber kein Flugzeug, sondern nur ein Auto ohne Allradantrieb. Und die Straße ist so rutschig wie bei Glatteis.« – »Lass es uns doch probieren«, schlug Ilsedore vor. Mürrisch erwiderte ich: »Meinetwegen, wenn du unbedingt weiterfahren willst. Aber wenn wir stecken bleiben, müsst ihr beide aussteigen und schieben.« Wir fuhren, besser rutschten, los. Außerhalb der Stadt begegneten wir einem Jeep, der Allradantrieb hatte. Wir hielten beide an, kurbelten die Fenster herunter und schauten uns an. Der Mann sah, dass wir keinen Allradantrieb hatten, und fragte mich: »Hast du denn keine Ketten? Ohne die kommst du nicht weiter.«

Die hatten wir leider nicht, aber meine Frau ermutigte mich trotzdem weiterzufahren. »Bis hierher ging doch alles gut«, meinte sie. Und damit hatte sie recht. Der Regen hatte aufgehört, der Himmel wurde blau und die Straße trocknete allmählich.

Einige Kilometer weiter kam uns ein Ehepaar entgegen, das zu Fuß unterwegs war, mit vielen Körben beladen. Wir kannten die beiden. Sie waren Kaingang und kamen aus dem Dorf, zu dem wir unterwegs waren. Wir fragten sie, wie der Weg sei, den sie gekommen waren. »Staubtrocken«, war ihre Antwort. Auf der restlichen Wegstrecke tat ich innerlich Buße und war beschämt über meinen Kleinglauben. Wie war ich Ilsedore an diesem Tag dankbar für ihre Hartnäckigkeit. Doch die ganz große Überraschung stand uns noch bevor.

Im Dorf angekommen, bemerkten wir ein ungewöhnliches Erstaunen. Die Menschen schauten uns an, als seien wir Gespenster. Später erfuhren wir von unseren Geschwistern den Grund dafür. Bei unserem letzten Besuch im Dezember hatte ich beim Abschied ein Gespräch mit dem Häuptling und seinem Schwiegervater gehabt, das nicht gut verlaufen war. Beide waren sehr ärgerlich über die *Crentes* (Gläubige, praktizierende Christen). Deshalb waren wir mit einer gewissen Spannung auf die Reise in dieses Reservat gestartet. Schon einen Monat später sollte die neue Kirche eingeweiht werden. Welche Situation würden wir diesmal antreffen? Solche und ähnliche Gedanken hatten uns während der langen Fahrt beschäftigt, die nun beinahe »ins Wasser gefallen« wäre. Der Häuptling hatte schon mehrfach verschiedene Schamanen im Dorf beauftragt, etwas gegen uns zu unternehmen, damit wir nicht mehr kamen. Doch es hatte alles nichts genützt.

Nach unserem letzten Abschied und dem unangenehmen Gespräch hatte der Häuptling eine stärkere Schamanin aus einem Nachbar-Reservat kommen lassen, um uns endlich loszuwerden. Und beinahe wäre sie auch erfolgreich gewesen: der plötzliche Wolkenbruch, meine Verärgerung über Gott, die Mutlosigkeit und der Plan, wieder umzukehren.

Die Christen in Apucaraninha wussten von der Schamanin und hatten viele Gebete gen Himmel geschickt. An diesem Morgen erlebten sie, dass Jesus der Sieger geblieben war. Als ich am nächsten Tag zusammen mit Manoel den Häuptling in seinem Büro besuchte, hatten wir ein gutes Gespräch.

Dem Teufel ist es ein Leichtes, sich in Gewitterwolken zu kleiden, um Gottes Boten zu entmutigen und zur Umkehr zu zwingen. Ähnliche Situationen haben wir oft erlebt und ich muss bekennen, dass wir das von Gott vorbereitete Wunder nicht erlebt hätten, wenn ich meinen Kopf durchgesetzt hätte und wir in Tamarana umgekehrt währen. Dann wären wir dem »Teufel« in die Falle getappt, die er ausgelegt hatte.

Mit einem großen Fest wurde am 23. April 1989 die erste Kirche eingeweiht. Sie war mit Rundhölzern als Stützen gebaut und hatte einen Boden aus Sand, den die Kaingang am Ufer des Tibagi geholt hatten, einem Fluss, der das über 25 Kilometer lange Reservat nach Osten hin begrenzt. Als die Kleinkinder im Gottesdienst auf dem Boden saßen, spielten sie mit dem trockenen Sand. Sie ließen ihn sich durch die Hände rieseln und auch auf den Köpfen der anderen Kinder landete er. Jedenfalls hatten die Kleinsten ihren Spaß. Aus Queimadas kam ein Bus mit 40 Besuchern.

Als wir 1990 in Deutschland waren, riss die Gemeinde ihre neu gebaute Kirche vollständig ab und errichtete ein neues Gebäude. Anstelle der runden Stämme wurden gesägte Vierkanthölzer verwendet und der Sandboden wurde durch einen Zementfußboden mit rotem Anstrich ersetzt. Außerdem hatte das Gebäude einen Backsteinsockel, sodass die Bretter nicht mehr bis zum Boden reichten. Die neue Kirche sollte eine Überraschung für uns sein und das war sie auch. Als wir im Oktober zu Besuch waren, wurde darin der erste Gottesdienst gefeiert. Die Eigeninitiative dieser indigenen Gemeinde, ihre Kirche baulich zu verbessern, war für uns eine echte Ermutigung. Zu ihrer Freude versprach ich ihnen, bei unserem nächsten Besuch blaue Ölfarbe mitzubringen. Diese Farbe hatten sie sich für den Außenanstrich gewünscht.

Als im Mai 1991 wieder eine Taufe durchgeführt wurde, übergab mir Manoel vor dem Gottesdienst ein Exemplar seines ersten Liederheftes. Die Jugendlichen hatten 32 Lieder mit der Hand in einfache Schulhefte geschrieben. Alle Lieder waren in Apucaraninha entstanden.

Es dauerte nicht lange, bis die Kirche zu klein wurde. Zu der Zeit lebten im Reservat etwa 500 Indios. Zum normalen Gottesdienst kamen fast 100 Personen, die Kinder mitgezählt. Und so träumte die Gemeinde von einer großen Kirche. Sie planten und begannen, für ein neues Gebäude aus Backstein zu sparen. Im August 1992 händigte Manoel uns ein neues Liederbuch aus, das 83 Lieder enthielt, die von mehreren Gemeindegliedern stammten. Manoel hatte die Lieder mit der Schreibmaschine abgetippt und mit einem Mimeograf vervielfältigt.

Als zweisprachiger Indio-Lehrer war Manoel der geborene Schriftführer. In dicken DIN-A4-Ringbüchern führte er über alle Gottesdienste und Besprechungen Buch. Eines davon hat er mir später geschenkt. Es enthielt seine Aufzeichnungen zwischen dem 19. November 1990 und dem 1. Juli 1991. Manoel nannte es das »Tagebuch der Gottesdienste der Kaingang-Gemeinde Apucarana«. Das Heft enthielt das Programm der Gottesdienste, Gedanken für die Verkündigung, neue Lieder, die er dichtete, und Ermahnungen, die er im Gottesdienst weitergab. Alles sehr genau geordnet und mit Datum versehen. Auf der ersten Seite standen die Richtlinien für die Gottesdienste, die von den vier Gemeindeleitern unterschrieben waren:

> Wir versammeln uns zwei Stunden, um Gottes Wort zu hören.
> Wir kommen vorbereitet zum Gottesdienst.
> Während des Gottesdienstes gehen wir nicht nach draußen.
> Unsere Kinder ermahnen wir, zum Gottesdienst mitzukommen.
> Auf unser Gotteshaus passen wir sehr gut auf.
> Wenn es regnet, fällt der Gottesdienst aus.

Als wir im Juni 1994 wieder zu Besuch waren, sprachen die Ältesten nach dem Gottesdienst, der über zwei Stunden dauerte, über die Notwendigkeit, eine noch größere Kirche zu bauen. Sie sollte 6 m x 12 m groß sein und mit Wänden aus vorgefertigten Betonplatten errichtet werden. Die Mission war bereit, das Material für das Dach zu bezahlen.

Zu einer weiteren Taufe am 28. August 1994 wurden auch brasilianische Gemeinden aus der näheren und weiteren Umgebung eingeladen. Aus über 100 Kilometer Entfernung reisten die Menschen an und nach dem Gottesdienst wurden alle 300 Fleischspieße zugunsten des neuen Kirchbaus verkauft.

Im Gottesdienst am 25. Juni 1995, der drei Stunden dauerte, drängten sich 130 Personen in die kleine Kirche. Etwa die Hälfte von ihnen waren Jugendliche und Kinder unter zwölf Jahren. Die Gemeinde wuchs weiter und es wurde in den ersten zehn Jahren seit Bestehen praktisch jedes Jahr eine Taufe durchgeführt.

1996 lebten bereits 700 Kaingang im Reservat. Der Wunsch, eine große Kirche zu bauen, wurde bereits schrittweise in die Tat umgesetzt. Im Januar 1997 wurde ein Gebäude von 7 m x 14 m geplant. Zuerst sammelte die Gemeinde ein Jahr lang Kollekten und Opfer speziell dafür. Wegen der Inflation in Brasilien machte es keinen Sinn, das Geld zu Hause aufzubewahren, da es so schnell an Wert einbüßte. Es gab aber eine andere Lösung: Manoel fuhr am Montag mit der Kollekte vom Sonntag nach Tamarana in die nächstgelegene Stadt und kaufte dort Zement, Eisen und Backsteine. Dieses Baumaterial wurde als bezahlte Ware gutgeschrieben, blieb aber beim Händler, bis mit dem Bau begonnen werden konnte. Sechs Monate später zeigten mir die Gemeindeältesten eine Liste mit bereits bezahltem Baumaterial. Darauf stand: 40 Sack Zement; 20 Sack Kalk; 40 Stangen Eisen; 6.000 Backsteine mit 6 Löchern; 6 m^3 Kies und ein kleiner Geldbetrag. Im Oktober 1997 lebten im Reservat schon 900 Kaingang.

Bei einer Baubesprechung mit den Gemeindeältesten im November, an der auch Ka'egso teilnahm, einigten wir uns auf eine Fertigbaukonstruktion von 8 m x 20 m. Die Kosten dafür würde die Mission tragen. Dazu bezahlten wir einen brasilianischen Maurermeister, der den Bau leitete. Den »Rest« übernahm die Gemeinde in Eigenleistung. Viele Kaingang waren bereit, als Handlanger zu helfen. Die Gemeindeältesten fragten am Sonntag nach dem Gottesdienst, wer in der folgenden Woche zum Helfen kommen konnte, und machten eine Liste mit den Namen. Wichtig war auch, dass für die vielen Arbeiter in dieser Woche gekocht wurde. Auch darüber wurden Listen geführt und es funktionierte viele, viele Wochen so, bis die Kirche fertig war. Halleluja!

Das neue Gebäude sollte genau an derselben Stelle stehen wie die kleine blaue Kirche, die ja noch als Gottesdienstraum benutzt wurde. So wurde die große Fabrikhallenkonstruktion über die kleine Kirche gebaut und die alte Kirche konnte noch so lange benutzt werden, bis der Fußboden der neuen Kirche zementiert wurde. Ein Gemeindeglied unserer deutschen Gemeinde in Curitiba setzte unentgeltlich in allen Fenstern die Scheiben ein, z. T. aus buntem Glas.

Die Einweihung der großen Backsteinkirche wurde zum 10. Jahresfest, am 11. Oktober 1998 mit einem großen Fest gefeiert. Manche auswärtige Gäste hielten die Kirche für viel zu groß, doch im Reservat lebten bereits 1025 Kaingang. Zehn Jahre zuvor waren es noch keine 500 Menschen gewesen. Damals hatte man die Gemeinde mit 23 Gliedern gegründet, nun waren es schon 85. Und die Einwohnerzahl im Reservat wuchs beständig, von 1.500 im Jahr 2005 auf 1.690 Personen im September 2009.

Bei aller Freude über die Entstehung und das Wachstum der Gemeinde gab es auch viele schmerzliche Enttäuschungen, harte Rückschläge, Streitigkeiten und ganz normale, menschliche und unliebsame Vorkommnisse. Das gab es aber auch schon in den Gemeinden, von denen im Neuen Testament berichtet wird, und das sollte uns darum nicht überraschen.

Die Gemeinde in Marrecas

Das 7.400 Hektar große Reservat Marrecas ist das einzige in Paraná, das noch einen sehr großen Urwald hat. Obwohl etwa 170.000 brasilianische Araukarien an eine Sägerei verkauft wurden, gibt es heute noch Tausende von diesen sehr alten Bäumen. Heute steht die Araukarie unter Naturschutz. Sie gibt reichlich

Nahrung für allerlei Tiere und für die Menschen. Früher ernährten sich die Kaingang monatelang von den Früchten dieser Bäume, den daumengroßen Pinienkernen.

Dival de Souza hatte dieses Reservat als *Chefe* viele Jahre selbst geleitet. Gleichzeitig war er auch Inspektor des *SPI* in Curitiba, der uns 1967 unsere erste Erlaubnis für die Missionsarbeit erteilt hatte.

Bei unseren ersten Besuchen mussten wir mehr als 50 Kilometer sehr schlechte Erdstraße fahren. Aber als eine Asphaltstraße gebaut wurde, die »nah« am Reservat vorbeiführte, waren es nur noch 21 Kilometer Erd- und Schotterstraße bis zum Dorf. Unseren ersten Besuch in Marrecas hatten wir 1967 mit Gojtéj gemacht. Damals lebten dort außer den Kaingang und einigen Guaraní-Familien die letzten 30 Xetá-Indios, die in diesem Reservat angesiedelt wurden. Bei einem späteren Besuch waren alle Xetá an Grippe und Masern gestorben. Nur drei Männer hatten überlebt. Damit galt auch dieses indigene Volk praktisch als ausgestorben. Der *Chefe,* Dival, hatte uns damals auch eingeladen, in Marrecas zu wohnen und dort zu arbeiten. Bei diesem Besuch hatten wir unsere erste Begegnung mit Garignãn, der Tochter von Tobias. In dieser Woche arbeiteten wir mit ihr alle neun Kaingang-Lesefibeln durch, die Gojtéj zur Alphabetisierung der Kaingang erstellt hatte. Es hat uns ermutigt, dabei sein zu können, als dieses Mädchen lernte, seine Muttersprache zu lesen. Bei unseren Besuchen in den folgenden Jahren brachten wir mehreren erwachsenen Kaingang das Lesen bei. Wir lasen mit ihnen auch die bereits übersetzten Bücher der Bibel, zeigten christliche Filme und zogen viele Zähne.

Die Gemeinde in Marrecas war durch den Einsatz von Garignãn entstanden, die nach ihrer Bekehrung als Missionarin und Gemeindegründerin in ihrem Dorf wirkte. Zum Glauben gekommen war sie, als ihre neun Monate alte Tochter todkrank im Krankenhaus in der Kreisstadt Guarapuava lag. Ein Pastor der Pfingstgemeinde *»Deus é Amor«* (Gott ist Liebe) besuchte Garignãn damals und betete über dem Kind, das daraufhin gesund wurde. Aus Dank für die erfahrene Hilfe Gottes wurde sie Christin. Als Tobias davon hörte, besuchte er seine Tochter im Mai 1996 zum ersten Mal. Gleich nach diesem Besuch begann Garignãn damit, in ihrem Dorf Gottesdienste zu halten. Tobias besuchte sie sehr oft und ermutigte sie.

Garignãns Mann Dilson war Alkoholiker. Er bekehrte sich im Juli 1998, als eine andere kleine Tochter, Jaci, mit erst drei Monaten ins Krankenhaus musste. Sein Amt als Vize-Häuptling legte er daraufhin nieder und wollte von nun an nur noch Jesus dienen. Viele Kaingang gingen damals in Jesus hinein, was dem Häuptling allerdings nicht passte. Er legte der Missionsarbeit viele Steine in den Weg und erlaubte es nicht, dass Taufen durchgeführt wurden. Deshalb ließen sich 12 Kaingang in anderen Reservaten taufen. Garignãn wurde im Dezember 1999 von Tobias in Queimadas getauft.

Erst im August 2003 konnten wir Marrecas wieder besuchen. Tobias, Vãté, Pri und Marica begleiteten uns. Einen Film durften wir nicht zeigen, weil uns der Häuptling das nicht erlaubte, aber Dilson und Garignãn zu besuchen, war möglich. Am Abend fand ein Hausgottesdienst statt. Für uns war dies der erste Gottesdienst in Marrecas. Die Indios kamen und füllten das kleine »Wohnzimmer«. Zu Beginn des Gottesdienstes konnten wir nur noch dicht gedrängt im Raum stehen, ich mitten drin, von vielen Zuhörern umringt. Unter solch beengten Umständen hatte ich noch nie gepredigt. Danach bat Garignãn alle, die bereits in Jesus hineingegangen waren, ihre Hände zu erheben, damit Kitóg und Fár sehen konnten, wer ihre Geschwister waren. Wir zählten an die 50 Personen mit strahlenden Gesichtern und viele waren da, die sich taufen lassen wollten. Das war allerdings immer noch nicht erlaubt.

Am nächsten Tag gab mir Garignãn eine Liste mit den Namen von 47 Erwachsenen, die ihre Hand gehoben hatten. Sie zeigte uns auch ihre Lieder, die sie selbst geschrieben hatte. In allen vier indigenen Gemeinden wurde sehr viel für Marrecas gebetet und dass Gott Türen öffnet. Anfang Dezember 2003 wurde der Häuptling von seinen eigenen Leuten gefangen und aus dem Reservat vertrieben. Als neuer Häuptling wurde ein Guaraní gewählt, der den Christen wohlgesonnen war. Er erlaubte auch die lang ersehnte Taufe, die für den 28. März 2004 geplant wurde. Alle vier Gemeinden wollten dieses große Gemeindefest miterleben. Doch Tobias erlitt am 21. März 2004, genau eine Woche vor diesem Termin, einen Schlaganfall und musste ins Krankenhaus. Und so wurde die Taufe auf den 2. Mai verschoben. Manoel, einer der Schüler von Tobias, sollte die Taufe durchführen. Das große Fest hatte einen dreifachen Anlass: es sollten 27 Erwachsene getauft werden; Dilson und Garignãn sollten von mir und den anderen Gemeindeältesten als *Kofá* eingesegnet werden; und schließlich sollte als 3. Ereignis die fünfte Gemeinde gegründet werden, die bereits 39 Glieder hatte. Tobias saß von morgens 9.00 Uhr bis nachmittags 17.00 Uhr im Rollstuhl ganz vorne neben dem Podium. Für ihn war dies ein ganz besonderer Tag der Erntefreude.

Ka'egso schrieb nach diesem Fest folgenden Bericht an die Marburger Mission:

> »Es war ein sehr intensives und schönes Wochenende. Tobias hat die etwa 300 Kilometer weite Fahrt (21 Kilometer davon Erdstraße) sehr gut überstanden, auch die anderen zwölf Passagiere in unserem Auto. Bei strömendem Regen kamen wir an. Da wir ja glauben, dass Gott alles kann und uns alles zum Besten dienen muss, fragten wir uns schon, warum es gerade heute regnen musste.
>
> Gegen 17:00 Uhr am Samstag riefen die Indios aus den anderen Reservaten an und fragten, ob sie kommen sollten. Es wurden sieben Omnibusse (etwa 350 Personen ohne Kleinkinder) erwartet, die aber bei Regen die Erdstraße nicht würden befahren können. Da es den ganzen Samstag über geregnet hatte, musste entschieden werden, ob die sieben Busse sich überhaupt auf den Weg machen sollten. Denn es bestand das Risiko, dass sie die letzten 21 Kilometer nicht schaffen würden. Wenn wir ihnen absagten,

würde das bedeuten, dass das lang erwartete Gemeindefest nicht stattfinden würde.
Um sicherzugehen, fuhr ich mit Antonio, (dem Häuptling von Queimadas und mein Freund) und einem Indio aus Marrecas die Strecke noch einmal ab. Für diese 21 Kilometer brauchten wir mit meinem Landrover etwa eine Stunde und hatten unterwegs also genügend Zeit, um uns so manche Gedanken zu machen. Beide Entscheidungen, absagen oder nicht, würden eine Reihe von Konsequenzen mit sich bringen, die wir uns gerne erspart hätten. Zwangsläufig kommt einem die Frage: Warum lässt Gott das zu?
Auf der Fahrt wurde uns klar, dass die Reisebusse die Strecke auf keinen Fall bewältigen würden, selbst wenn die ganze Nacht die Sonne scheinen würde. So einigten wir uns darauf, in die nächstgelegene Stadt (35 km) zu fahren, um zu sehen, ob wir vielleicht Schulbusse fanden, die diese Strecke bei jedem Wetter fuhren und einen Transfer machen könnten. Schließlich fanden wir drei Busfahrer, die bereit waren zu fahren, falls es in der Nacht nicht weiterregnete. Und an einer Steigung sollte ein Traktor zur Verfügung stehen.
Nachdem das alles geklärt war, gaben wir am Abend den Gemeinden Bescheid, dass sie kommen sollten. Alles Weitere würde sich am folgenden Tag ergeben. Nun muss man bedenken, dass nicht jeder Haushalt ein Telefon hatte. Und dass die öffentlichen Fernsprecher, die kilometerweit auseinanderstanden, nicht immer funktionierten. Die Kommunikation war also ziemlich aufwendig. Aber sie gelang und wir feierten am Abend vor dem großen Fest einen schönen Gottesdienst. Als mein Vater den Film von Johannes dem Täufer zeigen wollte, musste er improvisieren, weil der Filmprojektor defekt war. So erzählte er kurzerhand die Geschichte, was der Aufmerksamkeit und der Freude auf den folgenden Tauftag keinen Abbruch tat.
Nach einer kurzen und unruhigen Nacht waren wir sehr

gespannt, was uns der Sonntag bringen würde. Da es in Marrecas noch kein Kirchengebäude gab, fand alles im Freien statt.

In der Nacht hatte es zu unserer Freude nicht mehr geregnet, dafür waren die Temperaturen deutlich gesunken. Mit Antonio und zwei weiteren Kaingang machten wir uns auf den Weg zur Asphaltstraße. Gegen 8:00 Uhr waren alle Busse angekommen, z. T. hatten sie mehr als 300 Kilometer zurückgelegt. Auch die drei Schulbusse waren pünktlich und das Umsteigen konnte beginnen. Mehrere Fahrten waren erforderlich, der Traktor musste ziehen und das schlimmste Stück musste zu Fuß gegangen werden. Aber um kurz nach 12:00 Uhr waren alle beim Fest in Marrecas! Der Gottesdienst hatte zwar schon angefangen, aber die Freude war allen abzuspüren. Die 27 Täuflinge erzählten aus ihrem Leben, es gab Liedvorträge der unterschiedlichen Gruppen aus den Gemeinden, Grußworte und viel Gesang. Die Verantwortlichen aus Marrecas hatten ein schönes und abwechslungsreiches Programm zusammengestellt. Um 14:00 Uhr ging es zur Taufstelle. Manchen Täuflingen konnte man die Freude geradezu ansehen, was bei den Kaingang etwas Besonderes ist. Normalerweise zeigen sie ihre Emotionen nicht. Nach der Taufe folgte die Einsetzung der Gemeindeleitung. Garignãn und Dilson wurden von meinem Vater und den anderen Kainganggemeindeleitern in ihre Verantwortung für die Gemeinde eingesetzt und gesegnet. Die beiden hatten mit Tobias all die Jahre durchgehalten und durch ihr Verhalten hatten sie sich als Leiter schon ausgezeichnet. Zum Abschluss dieses Festgottesdienstes wurde diese neue Gemeinde noch als Kaingang-Gemeinde in unseren Gemeindeverband aufgenommen. Dazu war der Präsident der AICD angereist.

Als es dann um 15:30 Uhr auch noch Mittagessen für die mehr als 500 Personen gab, war das für alle Beteiligten ein schöner Tag und all die Schwierigkeiten waren in den

Hintergrund gerückt, wo sie ja eigentlich auch hingehören. Ab 17:00 Uhr begannen wir wieder mit dem Rücktransport der Gäste bis zur asphaltierten Straße, während die Gemeinde von Queimadas mit der neuen Gemeinde Marrecas noch gemeinsam das Abendmahl feierte. Um 20:00 Uhr waren wieder alle in ihren Reisebussen und auch wir konnten unsere Sachen packen und uns auf den Heimweg machen. Auch Tobias hatte genug Kraft, um diesen besonderen Tag voller Freude mitzuerleben. Es war ein großes Fest der Gemeinde Jesu und ich habe wieder erlebt, dass ihre Freude, Kraft und Dynamik nicht von Menschen gemacht werden kann. Gott steht hinter ihr, denn es ist seine Sache!«

Bei unserem Besuch am 15. August 2004 hatte Garignãn eine Überraschung für uns. Der Gottesdienst fand vor dem Haus im Freien statt, da die Gemeinde noch keinen größeren Raum hatte. Zuerst wurden einige Lieder gesungen. Dann erschienen zwölf Jugendliche. Sie waren einheitlich gekleidet, jeder trug ein blaues T-Shirt und sie führten zu brasilianischen Liedern mehrere Choreografien vor. Hier sahen und hörten wir zum ersten Mal diese besondere Art von Lobpreis, die sehr schnell von allen anderen Kaingang-Gemeinden übernommen wurde.

Gut drei Jahre lang wurden in Marrecas die Gottesdienste in Häusern und unter einer Zeltplane gehalten, ein Geschenk der Gemeinde Queimadas. Im Juni 2005 sprachen wir mit den Gemeindeleitern und einigen Stammesältesten über die Zukunft der Gemeindearbeit. Dabei suchten wir erneut nach einem günstig gelegenen Bauplatz für die geplante Kirche. Auch Ka'egso war dafür aus Queimadas angereist. Er war seit meinem Rentenbeginn im Februar 2005 für die Kaingangarbeit verantwortlich.

In Queimadas hatte der Maurermeister Clemente das HUMA-Projekt »Ziegelei« begonnen und ökologische Backsteine hergestellt. Mit diesen Backsteinen sollte die Kirche gebaut werden.

Die Frage nach einem geeigneten Bauplatz erreichte auch Hortêncio, den alten Vater von Dilson, und er fühlte sich verantwortlich. Im Gebet brachte er das Anliegen vor Gott und erhielt auch eine Antwort. Diese wunderbare Geschichte erzählt er selbst:

> Ich habe beobachtet, wie der Fár und Ka'egso mit dem Häuptling, einigen Dorfältesten und den Gemeindeleitern überall nach einem guten Bauplatz für die Kirche suchten. Bei jedem Besuch meinten sie, jetzt den richtigen Ort gefunden zu haben. Ich selbst überlegte und suchte auch. Und eines Tages sagte ich dann zu Gott: »Eigentlich ist der Platz hier, wo ich wohne, der beste Platz für die Kirche. Wenn du das auch meinst, sag es mir. Ich bin bereit, mein Bretterhaus abzureißen und anderswo wieder aufzubauen. Meinen Gemüsegarten opfere ich auch für dich.« Daraufhin sagte Gott zu mir: *Das freut mich ganz arg, dass du bereit bist, dein Haus abzureißen und anderswo wieder aufzubauen und deinen Gemüsegarten zu opfern. Der Platz, wo du wohnst, ist auch für mich der beste Platz für die Kirche.* Dann bin ich zum Häuptling und zu den Gemeindeleitern gegangen und habe ihnen gesagt, dass ich mit Gott geredet habe und er mir gesagt hat, dass die Kirche dort gebaut werden soll, wo mein Haus steht und der Gemüsegarten ist.

Und tatsächlich wurde dann später auf seinem Grundstück mit den ökologischen Backsteinen die Kirche errichtet.

Im Dezember 2005 feierte die Gemeinde auf dem betonierten Fundament ihrer Kirche den Weihnachtsgottesdienst noch unter der Zeltplane, die bereits schon auf drei Plätzen aufgeschlagen worden war. Am 7. Februar 2006 brachte Ka'egso Clemente und einige Kaingang, die in Queimadas das Maurern gelernt hatten, nach Marrecas, um dort die Wände hochzuziehen. Ka'egso sagte mir am Telefon: »Papa, du hättest deine Freude daran gehabt zu sehen, mit welcher Hingabe sie ihre Kirche bauen.«

Im November 2006 wurde die mit selbst gefertigten ökologischen

Backsteinen errichtete Kirche eingeweiht. Der Festgottesdienst, in dem auch wieder eine Taufe durchgeführt wurde, war unvergesslich. Der neue Häuptling Mauro begrüßte die Gäste. Antonio, der Häuptling von Queimadas, und Ka'egso sagten ein Grußwort. Garignãn gab einen bewegenden Bericht von den Wundern Gottes in ihrem Leben, ihrer Familie und in Marrecas. Sie gab Gott die Ehre und nannte ihn den großen Häuptling, der die Türen geöffnet hat. Manoel predigte über Verse aus dem Johannesevangelium (14,1-4), die zu den Lieblingsworten der Kaingang gehören: *Euer Herz erschrecke nicht! Glaubt an Gott und glaubt an mich! In meines Vaters Hause sind viele Wohnungen. Wenn's nicht so wäre, hätte ich dann zu euch gesagt: Ich gehe hin, euch die Stätte zu bereiten? …*

Es folgte eine Reihe von Choreografien, denn von jeder Gemeinde waren mehrere Gruppen gekommen. Nachdem die Kirche im Gebet Gott geweiht worden war, durchschnitt der Häuptling das Band an der Kirchentür und öffnete das Gebäude. Alle konnten die wunderschön geschmückte Kirche betreten und von innen betrachten. Der Bruder von Garignãn war überwältigt und weinte. Beim Hinausgehen drückte er mich fest und hatte Tränen in den Augen. Er war Stammesältester und hatte uns mehrere Jahre das Leben schwer gemacht. Nach der Besichtigung der Kirche bekannte er öffentlich, dass er seinen Vater Tobias und uns lange bekämpft habe. Doch inzwischen habe er schon etwas gelernt und beglückwünsche uns. In aller Öffentlichkeit streckte er seiner Schwester die Hand zur Versöhnung entgegen. Er gab auch Dilson die Hand und bot seine Hilfe für die Gemeinde an. Nach den Lebensberichten gingen alle zu einem gestauten Bach, etwa einen Kilometer vom Dorf entfernt. Dort tauften Dilson und Juvenal 21 Kaingang. Auf dem Rückweg zum Mittagessen gab es einen kurzen kräftigen Regenguss, der dafür sorgte, dass wir alle so pudelnass waren wie die Getauften.

Während viele noch beim Essen waren, wurde schon Gepäck zu den Bussen getragen. Die Busfahrer schauten zum Himmel und hatten es eilig. Ka'egso fuhr vorweg und musste an einer Stelle mit seinem Landrover drei Busse durch den Schlamm ziehen. Er war kaum zurück, als es einen Wolkenbruch gab und ein schwerer Sturm aufkam. Etwa eine Stunde tobte das Unwetter. In den Planen sammelte sich so viel Wasser, dass sie das Gewicht nicht halten konnten und zusammenbrachen. Erst als es ruhiger wurde, konnten wir unsere Autos packen und losfahren.

Ka'egso hatte für dieses Fest T-Shirts anfertigen lassen. Darauf war die Kirche von Marrecas neben einer brasilianischen Araukarie abgebildet und das Bekenntnis in Kaingang: Gott ist ein ganz Großer – das haben wir erlebt. Diese Tatsache war nicht nur in den vergangenen Jahren mehrfach wahr geworden, sondern in besonderer Weise auch an diesem Wochenende!

In der folgenden Nacht musste der Hortêncio, der Vater von Dilson, ins Krankenhaus eingeliefert werden. Die Emotionen der letzten Tage waren einfach zu viel für ihn gewesen. Welche Kämpfe sich in der unsichtbaren Welt abgespielt hatten, das konnten wir nur ahnen. Die »Rache« des Feindes bekamen wir jedenfalls wenige Tage später in Queimadas zu spüren, als Antônio als Häuptling und seine Stammesältesten von Aufständischen gefesselt, misshandelt und eingesperrt wurden und das Reservat verlassen mussten.[11]

Tobias war in Marrecas im Jahr 1941 zur Welt gekommen. Viele Jahre hatte er am Rio das Cobras und in Queimadas gelebt, wo er 2007 einen Schlaganfall erlitt. Am 16. März 2007 brachte Ka'egso ihn wieder zurück nach Marrecas, wo er am 31. Dezember 2007 in seinem Heimatdorf starb und begraben wurde.

Die Suche nach dem Geburtsdatum

Für die Gemeinde am Rio das Cobras spielte das Datum ihrer Gründung lange Zeit keine Rolle. Erst als die Gemeinden in Queimadas und Apucaraninha jedes Jahr am Tag der Gründung ihrer Gemeinde ein Jahresfest feierten, wuchs der Wunsch, auch ihr eigenes Geburtsdatum zu ermitteln. Anfang 2004 versam-

[11] Mehr dazu auf Seite 155-156.

melten sich die Gemeindeleiter dazu mit ihren Frauen. Mehrere Ereignisse, die für die Gemeinde wichtig gewesen waren, wurden als Geburtsdatum vorgeschlagen und dann eine Vorauswahl getroffen. Schließlich standen nur noch drei Daten zur Debatte:

2. April 1975 (der Tag der Bekehrung des ersten Ehepaares),
15. November 1977 (die Wahl der ersten fünf Gemeindeleiter),
22. Januar 1978 (die Einsegnung und Einsetzung der ersten fünf Gemeindeleiter).

Nun sollte jeder der anwesenden Männer und Frauen ein Datum nennen und begründen, warum dieser Tag von nun an als Geburtstag gelten sollte. Natürlich waren wir auf die Begründungen sehr gespannt. Hinter das jeweils genannte Datum machte ich einen Strich an die Tafel. Die Wahl wurde natürlich offen durchgeführt. Jeder hörte, was der andere sagte. Uns wurde wieder einmal bewusst, welche positiven Veränderungen das Evangelium im Laufe der Jahre bewirkt hatte. Besonders die Frauen erlebten in ihrer Kultur eine echte Aufwertung, eine biblisch nachvollziehbare Emanzipation. Wir konnten nur darüber staunen, wie sie ihre eigene Meinung formulierten. Das war für die damalige Zeit äußerst ungewöhnlich. Manche bestätigten das Datum, das ihr Ehemann genannt hatte, begründeten es aber anders. Andere Frauen wählten ein anderes Datum und erklärten für alle nachvollziehbar, warum sie sich so entschieden hatten. Mit großer Mehrheit wurde der 15. November 1977 gewählt. Die meistgenannte Begründung war, dass an diesem Tag das Wirken des Heiligen Geistes am offensichtlichsten zu erkennen gewesen war. Jetzt hatte die Gemeinde am Rio das Cobras einen Tag, an dem sie ihre Jahresfeste feiern konnte, und im nächsten Gottesdienst stimmte die ganze Gemeinde diesem Entschluss zu.

So feierten wir im November 2004 erstmals den Geburtstag der Gemeinde am Rio das Cobras, die inzwischen schon 27 Jahre alt war. Zu diesem besonderen Kirchenfest wurden auch die anderen fünf Gemeinden eingeladen. Sebastião Paulista, der jüngste Gemeindeleiter, hatte Gojtéj, mich und die vier noch lebenden ersten Gemeindeleiter gebeten, von den schwierigen Anfängen zu berichten. Er wollte, dass die junge Generation aus dem Munde der noch lebenden Pioniere hörte, wie die Gemeinde entstanden war. Juvino, der Urenkel von Pedrinho, dem ersten Christen am Rio das Cobras, leitete diesen Festgottesdienst. Er gehörte schon zur vierten Generation! Zum Schluss des Gottesdienstes wurden wir nach vorne gebeten. Alle gaben uns die Hand und bedankten sich. Manche gaben uns einen Segenswunsch und umarmten uns. Tränen der Freude rollten allen über die Wangen. Wir spürten eine große Erntefreude und es war ein sehr bewegender Augenblick.

Der Schweizer Carl Gustav Jung, Psychiater und Begründer der analytischen Psychologie, teilt das Leben in zwei Phasen, die wir auch mit säen und ernten bezeichnen könnten. Die erste Lebensphase des Säens ist geprägt von Hoffnung auf Früchte. Die Erntephase hingegen von Freude und Dank. Das erlebten wir ganz besonders an diesem 14. November 2004. Und so gehört dieses Wochenende zu den Höhepunkten in unserem Leben. Bis heute.

»Ein Land, das ich dir zeigen will« – Das Land deiner Väter

Nach zehn Jahren ehrenamtlicher Mitarbeit in den Kaingang-Gemeinden spürten wir, dass für uns das Reisen zunehmend anstrengender wurde. Außerdem waren die Gemeinden selbständig geworden und Jesus hatte Kaingang-Kollegen als Nachfolger für uns vorbereitet.

Auf unser Gebet: »Weise uns Herr, deinen Weg«, bekamen wir Anfang 2015 die Antwort: *Ziehe wieder in deiner Väter Land, ich bin mit dir.*

Das war für uns das neunte Land, das der Herr uns zeigte!

Walter. Zunächst bedeutete dieser Gehorsamsschritt für uns nach 50 Jahren Dienst in Brasilien ein vielfaches Abschiednehmen. Das betraf sowohl das Land als auch die Gemeinden und die vielen, uns lieb gewordenen Glaubensgeschwister bzw. unsere »Verwandten«. In den ersten Monaten des Jahres 2016 machten wir in zehn Reservaten Abschiedsbesuche. Einige Gemeinden veranstalteten sogar große Feste.

In meiner Abschiedspredigt betonte ich noch einmal, dass Gott nicht nur früher zu den Menschen gesprochen hatte, sondern das bis heute tut, wenn wir »auf Empfang geschaltet haben« oder online sind, wie man das heute nennt.

So war auch unsere endgültige Rückkehr in unsere alte Heimat nicht unser Entschluss, sondern der Auftrag Jesu, dem wir gehorchen wollten.

Als kleines Andenken verteilten wir ein Lesezeichen, das man sich in die Bibel legen konnte. Auf der Vorderseite stand unter einem Foto von Ilsedore und mir der Vers: *Nun vertraue ich euch Gott und dem Wort seiner Gnade an – seiner Botschaft, die euch ermutigen und euch ein Erbe geben kann gemeinsam mit allen, die er für sich ausgesondert hat.* (Apostelgeschichte 20,32)

Auf der Rückseite war die Landkarte von Paraná mit den Gemeinden und der Bibelvers: *Wir werden nie aufhören, Gott dafür zu danken, dass ihr seine Botschaft, die wir euch brachten, nicht für unsere eigenen Worte gehalten habt. Ihr habt sie als Gottes Wort aufgenommen – was sie ja auch wahrhaftig ist. Und dieses Wort wirkt weiter in euch allen, die ihr glaubt.* (1. Thessalonicher 2,13)

Jeder einzelne Abschiedsgottesdienst war mit viel Liebe gestaltet und dauerte etwa drei bis vier Stunden. Die Kaingang erfreuten uns mit Sologesängen und Choreografien. Immer wieder dankten sie uns, dass wir Gott gehorsam gewesen und zu ihnen gekommen waren. Durch uns hatten sie Jesus kennengelernt und ihn im Alltag erlebt. Der Höhepunkt der Gottesdienste war, dass wir in jeder Gemeinde von den Gemeindeleitern gesegnet wurden, so wie das in Deutschland vor jeder Ausreise getan wurde. Sie baten Gott, uns in unsere alte Heimat zu begleiten, und stellten uns unter seinen Segen. Das Verabschieden war sehr emotional. Wir umarmten uns sogar, was vor 50 Jahren noch undenkbar gewesen war. Früher kannten die Kaingang kein Wort für Dank und nun konnten sie uns nicht genug danken. Früher zeigten sie keine Tränen, nun flossen sie reichlich. Wir waren wahrhaftig Verwandte geworden. Wie reich hatte Gott uns damit beschenkt.

In Mococa fragte uns Durvalina, eine treue Christin, nach dem Datum ihrer Taufe. Sie berichtete uns, dass sie vor einigen Wochen von einer Giftschlange gebissen worden war und fürchtete, sterben zu müssen. In ihrer Angst wollte sie sich an ihre Taufe erinnern, wusste aber den Tag nicht mehr. Tobias hatte ihr einmal gesagt, sie solle sich an ihre Taufe erinnern, wenn Zweifel und Anfechtung sie plagen würden. – Da ich diese Ereignisse alle aufgeschrieben hatte, konnte ich ihr sagen, dass sie am 26. Dezember 1999 in Queimadas getauft worden war. Ich sagte ihr auch, welche anderen Täuflinge noch dabei gewesen waren. Das war für sie eine große Freude und ein Trost. Dieses Datum schrieb sie in das Liederbuch, das sie anschließend kaufte.

In Apucaraninha hatten die Jugendlichen einen Spruch gebastelt. Die einzelnen Buchstaben waren auf ein Band gefädelt und ergaben den Segensspruch: »Gott schaue euch mit freundlichen Augen an, dort wo ihr wohnt.« Dieser Spruch hängt seit dem Einzug in unserer Wohnung und ist ein Blickfang für alle Besucher.

Die Gemeinde hatte die Kirche mit farbigen Luftballons geschmückt. Nach dem Gottesdienst gab es eine große, selbst gebackene Torte, belegte Brötchen und reichlich Erfrischungsgetränke. Die Liebe, die uns diese Gemeinde erwies, war uns mehr wert als Auszeichnungen. Ihre Ehrlichkeit und Treue zu Jesus war bewegend und beschämend. Wir waren ja wirklich nur »Kofferträger« Jesu.

Am **Rio das Cobras** leitete Ezequias, ein Enkel von Kufig, den Abschiedsgottesdienst. Er bat seinen Großvater, nach vorne zu kommen und zu erzählen, wie er durch uns von Jesus gehört hatte. Dabei betonte er, dass er schließlich in *Jesus* hineingegangen war, nicht in den *Fár*. Anschließend bat Ezequias alle nach vorne, die zur Familie Paulista gehören. Da standen tatsächlich 32 Personen aus vier Generationen, die alle zur Gemeinde gehören! Ezequias kämpfte mit den Tränen, als er sagte: »Ich und meine Brüder hatten das Vorrecht, von euch Gottes Wort gelernt zu haben. Das, was wir von euch, von unseren Eltern und Großeltern gelernt haben, das werden ich und meine Brüder und unsere Frauen unseren Kindern weitersagen.« Dabei legte er behutsam seine Hand auf den dicken Bauch seiner schwangeren Schwägerin, die neben ihm stand, und ergänzte: »Auch diesem Kind, wenn es geboren ist, werden wir alles weitersagen, was wir von euch gelernt haben.«

Gegen 15:00 Uhr wurden wir zum Mittagessen eingeladen, das die Gemeinde als Überraschung für uns vorbereitet hatte. Im nahe gelegenen Wald wurden Reis und schwarze Bohnen gekocht und Hähnchen am Spieß gegrillt, obwohl es leicht regnete.

Wir hatten 19 Jahre am Rio das Cobras gelebt. Welch ein Vorrecht war es doch, dass wir vom Roden bis zum Ernten alle Abschnitte erleben durften!

Unseren letzten Abschiedsbesuch machten wir im Reservat **Boa Vista** bei Pedro Barão und seiner Frau Maria da Luz. In diesem kleinen Reservat lebten etwa 300 Kaingang. Der Häuptling hatte viel Not wegen der Trunksucht. Ein Kaingang, der vom Rio das Cobras kam, sagte ihm, er kenne einen gläubigen Kaingang, der Gottes Wort erklärt und ihm helfen könne. So wurde Pedro Barão 2010 eingeladen, in Boa Vista zu wohnen und Gottes Wort zu verkündigen. Obwohl er schon über 76 Jahre alt war, nahm er die Einladung an und wohnte in den ersten Jahren in einer sehr primitiven Hütte.

In den folgenden sechs Jahren besuchten wir 17-mal das Reservat Boa Vista, um unsere Kollegen in ihrem Missionsdienst zu ermutigen und zu unterstützen. Zu unserem Abschiedsbesuch am 30. Mai 2016 kamen wir unangemeldet, da es keine Möglichkeit der Kommunikation gab. Nach einem improvisierten Gottesdienst erlebten wir einen bewegenden Abschied, bei dem im Rückblick auf die langen Jahre der Zusammenarbeit mit unseren treuen Kollegen, die im Glaubensgehorsam lebten, viele Tränen der Dankbarkeit vergossen wurden.

Kaingang hören Gottes Reden

Für die Kaingang ist beten nichts anderes, als mit Gott zu reden. Beten ist also nicht nur, dass wir zu Gott sprechen, sondern dazu gehört auch, dass wir Gottes Stimme hören. Im 10. Kapitel des Johannesevangeliums bezeichnet sich Jesus als der gute Hirte und spricht von seinen Schafen. In Vers 16 sagte er: *Und ich habe noch andere Schafe, die sind nicht aus diesem Stall; auch sie muss ich herführen und sie werden meine Stimme hören.* Wer erlebt, dass er persönlich von Jesus angesprochen wird, wünscht auch seinen Freunden, dass sie diese Erfahrung machen. Weil wir das so oft erlebt hatten, war unsere Freude so riesig groß, als Kaingang bezeugten, dass auch sie Gottes Reden vernahmen und ihm gehorchten. Das ist der Glaubensgehorsam, den wir unter den Kaingang aufrichten sollten. Und es ist ein Vorrecht, dass wir genau das erleben durften.

Tobias war oft mit uns auf Missionsreise in anderen Reservaten. Mit Pri war er auch schon mehrmals in Queimadas gewesen und hatte dort eine offene Tür erlebt. Irgendwann bekam er von Jesus den Auftrag, als Missionar nach Queimadas zu gehen. Das habe er mir dreimal gesagt, betonte er später. Beim ersten und zweiten Mal soll ich überhaupt nicht reagiert haben. Erst als er mir zum dritten Mal davon erzählte, dass Jesus ihn beauftragt habe, hätte ich aufmerksam zugehört. An dieses letzte Gespräch kann ich mich noch gut erinnern. Zuerst sprachen wir mit den anderen vier Gemeindeleitern darüber, danach mit der ganzen Gemeinde. Tobias sollte nämlich von »seiner« Gemeinde als Missionar entsandt werden.

Ich sagte Tobias damals, dass er vorher andere Mitarbeiter finden müsse, die dann während seiner Abwesenheit seine Arbeit in der Gemeinde tun würden. Diese müsse er auch gut einarbeiten. Er nickte und stimmte mir zu. Sehr erstaunt war ich allerdings, als er der Gemeinde schon im nächsten Gottesdienst mitteilte, wer die verschiedenen Aufgaben in der Gemeinde übernehmen werde, die er bis dahin wahrgenommen hatte. Für alle seine Aufgaben hatte er bereits von sich aus Nachfolger eingearbeitet. Und so wurde Tobias am 6. Juli 1986 mit seiner Familie von seiner Gemeinde am Rio das Cobras als Missionar in das Reservat Queimadas entsandt.

Auch in einer ganz anderen Situation erlebten wir, wie Gott direkt zu den Kaingang sprach: **Manoel Felisbino,** Gemeindeleiter in Apucaraninha, und noch einige andere Kaingang hatten die Aufnahmeprüfung an der Universität Londrina bestanden. Es war der indigenen Bevölkerung jetzt endlich möglich, an der Universität zu studieren, aber dies war für sie mit vielen Mühen und großen persönlichen Opfern verbunden. Bei Wind und Wetter fuhren die Schüler ab dem 5. Schuljahr täglich in einem offenen Lkw die 25 Kilometer auf der Erdstraße nach Tamarama, der nächstgelegenen Stadt, zur Schule. Da der Lkw bei Regen nicht fahren konnte, fehlten die indigenen Schüler oft im Unterricht und verpassten Lehrstoff. Das war einer der Gründe, weshalb sie mehrfach die Klasse wiederholen mussten. Aber mit viel Ausdauer und Fleiß hatte Manoel sein brasilianisches Abitur geschafft. Im Februar 2005 begann er mit seinem Studium in Londrina, 80 Kilometer von seinem Dorf entfernt. Er war einer von den glücklichen Studenten. Die Freude und Begeisterung darüber hatte auch uns ergriffen und wir dankten Gott für diesen Sieg. Es war für uns alle eine Gebetserhörung.

Von Montag bis Freitag war Manoel zwischen 15:00 Uhr und 2:00 Uhr nachts zum Studium von zu Hause weg. Und an den Vormittagen war er Lehrer an der Grundschule im Reservat. Der Dienst in der Gemeinde kam dabei zu kurz und Eheprobleme und andere Schwierigkeiten blieben auch nicht aus. Eines Tages erreichte uns ein dringender SOS-Ruf von ihm. Es gab ernsthafte Probleme in seiner Ehe. Ilsedore und ich fuhren unverzüglich nach Apucaraninha, um unseren Geschwistern in ihrer Not zu helfen.

Zunächst hörten wir dem Ehepaar einfach nur zu und gaben ihnen anschließend den Rat, sich im Gebet an Jesus zu wenden und ihn zu fragen. Er würde ihnen einen Ausweg zeigen. Wir versprachen, zu Hause auch für sie zu beten. Auf viele menschlich gute Ratschläge verzichteten wir und fuhren die 350 Kilometer wieder zurück nach Curitiba.

Bei unserem nächsten Besuch in Apucaraninha erzählte Manoel im Gottesdienst Folgendes und bekannte öffentlich vor der Gemeinde: »Als die Schwierigkeiten immer mehr wurden, habe ich gebetet und Jesus gefragt, was ich tun soll. Der Herr hat mir gezeigt, dass ich mehr wollte, als nur Gemeindeleiter zu sein. Und er hat mich auf den Auftrag aufmerksam gemacht, den er mir gegeben hatte. Ich habe mich entschieden, Jesus zu gehorchen, und habe mein Studium aufgegeben. Nun werde ich wieder mehr für die Gemeinde da sein.« Als Missionare und Seelsorger hätten wir nicht den Mut gehabt, von Manoel dieses Opfer zu erwarten und diese Lösung zu empfehlen. Wie gut, dass wir das Jesus überlassen hatten. Noch erfreulicher war die Erfahrung, dass Jesus direkt zu den Kaingang sprach.

Ilsedore. Im September 2005 waren wir in Queimadas zur Vertretung von Christiane und Ka'egso, die im Urlaub waren. Ich war allein im Haus, Walter war bei den beiden Gemeindeleitern, Tobias und Pri in der Kirche. An jenem Tag regnete es stark und bei solchem Wetter gehen die Kaingang nur aus dem Haus, wenn es dringend nötig ist. Plötzlich läutete das Telefon. Unsere Tochter Lidia rief aus Berlin an und teilte mir mit, dass meine Mutter in der Nacht heimgegangen war. Wir hatten dafür gebetet, dass der Herr sie bald zu sich holen möge. Und diese Bitte hatte Gott erhört, indem er meine Mutter im Alter von 91 Jahren zu sich rief. Die Freude, dass Mutti nun am Ziel war, war zwar vorhanden, aber den Schmerz des Verlustes spürte ich auch, zumal ich jetzt ganz allein war. Ich betete und sagte das meinem Herrn.

Wenige Minuten später klopfte es an der Tür. Ich fragte mich, wer sich bei einem solchen Wetter aus dem Haus traute. Es war **Marica**, eine meiner treuesten Mitarbeiterinnen. »Der Herr Jesus hat mir gesagt, dass ich dich besuchen soll. Darum bin ich gekommen, obwohl so schlechtes Wetter ist.« Ich erzählte ihr, dass ich eben die Nachricht vom Heimgang meiner Mutter erhalten habe. Marica weinte zunächst mit mir, danach unterhielten wir uns. Sie kannte meine Mutter von den beiden Besuchen in Brasilien. Nach einiger Zeit sagte Marica: »Nun will ich für dich beten, dass Jesus dir einen leichten Kopf schenkt, auch wenn du jetzt traurig bist.« Und dann betete sie ganz rührend für mich. Am meisten bewegte mich an ihrem Gebet, wie Marica Gott dafür dankte, dass meine Mutter damals nicht »Nein« gesagt hatte, als ich sie verließ und als Braut nach Brasilien reiste. »Wir wüssten sonst immer noch nichts von Jesus und hätten diese Hoffnung nicht, dass wir nach diesem Leben bei Jesus sein werden«, sagte sie.

Der Herr hat mich durch Marica echt getröstet.

Im Land unserer Väter

Am 16. Juni 2016 fuhren wir mit Ka'egso, seiner zweiten Frau Eipeen und einigen Freunden nach Paranaguá und gingen an Bord der CAP SAN LORENZO. Auf der fast vier Wochen langen Schiffsreise nach Hamburg waren wir die einzigen Passagiere. Der Kreis hatte sich geschlossen. Mit einem Schiff hatten wir unsere Heimat verlassen, mit einem Schiff kamen wir wieder zurück! Gott hatte uns auch diesen Wunsch erfüllt.

Nach der klaren Anweisung Gottes brauchten wir nicht zu suchen, wo wir in Deutschland wohnen sollten. Am 14. Juli kamen wir in Haßloch, im Land unserer Väter an. Schon am nächsten Tag konnten wir die Wohnung, die wir reserviert hatten, im Rohbau besichtigen und den Mietvertrag unterschreiben. Die ersten fünf Monate wohnten wir in meinem Elternhaus.

Ilsedore. Mitte Oktober musste ich zum Neurologen. Der Arzt sagte zu mir: »Gehen Sie mal den Flur hin und wieder zurück.«

Danach stellte er mir einige Fragen im Blick auf meine Stimme, meine Handschrift, meine Gestik und ob ich Speichel verliere. Für alles hatte ich eine Erklärung. Daraufhin sagte der Arzt: »Dass Sie Parkinson haben, wussten Sie schon, oder?« – »Nein«, war meine Antwort. Um ganz sicherzugehen, überwies er mich in eine Spezialklinik nach Mannheim. Am 25. Oktober las ich in meinem Andachtsbüchlein »Unser täglich Brot«: *»Ich versuche zu lernen, dass meine Einschränkungen ein Geschenk von Gott sind und ich ihm mit diesem Geschenk dienen soll. Mit* diesem *und keinem anderen. Wenn wir unsere Einschränkungen so sehen, dann können wir unsere Aufgaben mit Mut und Zuversicht anpacken.«*

In den Morgengrüßen stand am 27. Oktober: *Der Herr hat für jede Lage, in die er uns führt, Segensabsichten und hält Hilfe bereit.* Am 28. Oktober fuhren wir zur Untersuchung nach Mannheim. Die Ärztin gab mir die Diagnose mit den Worten: »Da kann ich meinem Kollegen nur gratulieren. Seine Diagnose stimmt. Ihr Dopamin ist stark abgebaut.« Wie gut, dass Gott mir durch die zuvor gelesenen Worte Mut gemacht hatte und ich seiner Nähe gewiss sein durfte. Dies bewahrte mich davor, in ein Loch zu fallen. Durch meine Krankheit komme ich nun mit Menschen zusammen, die diese Hilfe, die Jesus schenkt, noch nicht für sich in Anspruch nehmen.

Am 3. November las ich in den Morgengrüßen: *Wir werden nicht so geführt, wie wir es uns wünschen, aber immer so, wie Gott es für richtig hält.* Das darf ich glauben und das ist mein Halt.

Am 19. November, unserem Hochzeitstag, feierten wir mit 50 Gästen unsere Goldene Hochzeit. Zwei Tage später zogen wir in das barrierefreie Apartment in der Wilhelmstraße 15 ein. Gott ist unbeschreiblich gut!

Nun wohnen wir in Haßloch in der Wilhelmstraße. Haßloch ist Walters Geburtsort und mein Vater hieß Wilhelm! Dass Gott das so genau meinte mit »dem Land deiner Väter«, hatten wir nicht gedacht.

Ein Wort des Dankes

Zuallererst wollen wir der Lektorin, Frau Anne-Ruth Meiß vom Verlag der Francke-Buchhandlung GmbH dieses Dankeswort widmen, die uns schon bei unserer ersten Begegnung sehr wohlwollend zugehört und schließlich die Veröffentlichung dieses Buches ermöglicht hat.

Ein aufrichtiges Dankeschön sagen wir auch Frau Marion Springer sowie unseren Kindern Ka'egso und Ester Vénsóǵ für das Korrekturlesen und ihre hilfreichen Anregungen. Ebenso danken wir Eckard zur Nieden für seine wertvollen Tipps zum Gelingen dieses Buches. Ein besonderer Dank gilt meinem ehemaligen Mentor, unserem Hausvater, Direktor, Seelsorger, Freund und jahrzehntelangen Wegbegleiter Günter Hopp für seine wertvollen Ergänzungen und seine hilfreichen Korrekturen bei einigen Berichten.

Ein Hinweis zur erweiterten Ausgabe dieses Buches

In einer erweiterten Ausgabe berichten wir ausführlich über weitere Erfahrungen und Wunder, die wir erlebt haben. Wir schreiben über andere Gemeindegründungen durch unsere Kaingang-Kollegen und die Entwicklung der selbständig gewordenen Gemeinden. Wir erzählen von Indigenen, die das Reden Jesu hörten und ihrem Herrn gehorchten, von Liedermachern und Choreografiegruppen, von großen Gemeinde- und Musikfesten. Wir nehmen die Leser mit auf unsere Reisen ins Amazonasgebiet zu den Yanomami und in den Xingú-Nationalpark. Wir beschreiben weitere Projekte ganzheitlicher Missionsarbeit, wie die drei HUMA-Projekte, die Ausbildung von Gesundheitshelfern (AIS) und die verschiedenen Tätigkeiten in den 30 Jahren an unserem Standort Curitiba. Wir berichten davon, wie Indigene an internationalen Indigenen-Konferenzen (CONPLEI) teilnehmen, und von der Umstrukturierung unserer Missionsarbeit durch die

Gründung der autorisierten Außenstelle der Marburger Mission in Brasilien und der Mission für Entschiedenes Christentum (MCD). Wir schildern die vier Stabwechsel, die wir erlebten. Wir erzählen mehr über die Abschiedsbesuche und Abschiedsfeste. Vor unserem endgültigen Umzug nach Deutschland lag nicht nur ein Berg vor uns, sondern ein ganzes Gebirge von Dingen, die erledigt werden mussten. Insgesamt haben wir viermal mit dem Schiff den Atlantik überquert. Die erweiterte Ausgabe enthält Berichte über unsere Glaubenskasse, über offene Wünsche, die zuletzt doch erfüllt wurden, und zwei ganz besondere himmlische Erfahrungen von Pri und Marica. Ebenso berichten wir über die Erfahrung, *»ein Brief Christi«* zu sein, und über den Vers *»Wer mich ehrt, den will ich auch ehren«*. Nach einem Wort an die folgenden Generationen schließt das Buch mit dem Bericht »Leben im *Pajó*«. Bei diesem letzten Kapitel schauen wir nicht nur in den Rückspiegel, sondern richten unseren Blick nach vorn und halten Ausschau nach dem zehnten Land, in das Gott uns führen wird!

Wer mehr über unsere Erlebnisse in Brasilien erfahren möchte, dem empfehlen wir die erweiterte Ausgabe mit dem Titel *»Ich will dir ein Land zeigen«. Unterwegs in Brasilien mit Navi PS 8611* (Selbstverlag), die bei der Stiftung Marburger Mission, Dürerstraße 30a; 35039 Marburg, Tel. +49 (0) 6421 9123 0 erhältlich ist.